DUPIN YUFANG JIAOYU JIAOXUE ZHINAN

毒品预防教育
教学指南

主 编 张晓春

副主编 陈 静
　　　 叶 涛

广西教育出版社·南宁

图书在版编目（CIP）数据

毒品预防教育教学指南 / 张晓春主编. —南宁：广西教育出版社，2020.11（2022.7 重印）
ISBN 978-7-5435-8838-7

Ⅰ.①毒… Ⅱ.①张… Ⅲ.①禁毒—教学研究—中小学 Ⅳ.①G631

中国版本图书馆 CIP 数据核字(2020)第 184420 号

组稿编辑：张星华
责任编辑：黄　璐
责任校对：何　云　卢佳慧
装帧设计：杨　阳

出 版 人：石立民
出版发行：广西教育出版社
地　　址：广西南宁市鲤湾路 8 号　邮政编码：530022
电　　话：0771-5865797
本社网址：http://www.Gxeph.com
电子信箱：gxeph@vip.163.com
印　　刷：广西壮族自治区地质印刷厂
开　　本：787 mm×1092 mm　1/16
印　　张：15.25
字　　数：216 千字
版　　次：2020 年 11 月第 1 版
印　　次：2022 年 7 月第 4 次印刷
书　　号：ISBN 978-7-5435-8838-7
定　　价：39.00 元

如发现图书有印装质量问题，影响阅读，请与出版社联系调换。

前　言

国家禁毒委员会于2004年5月第一次提出"预防为本"的禁毒理念，并将该理念写进禁毒工作方针；2007年底颁布的《中华人民共和国禁毒法》第四条也规定"禁毒工作实行预防为主"，从法律层面明确毒品预防是禁毒工作的首要任务。2016年12月，国家禁毒委员会办公室在全国青少年毒品预防教育"6·27"工程推进会上提出，必须把青少年毒品预防教育"置于禁毒工作优先发展的战略位置"。根据"6·27"工程提出的任务要求，提升学校毒品预防教育水平，不仅要落实毒品预防专题教育课，还要建立毒品预防教育师资队伍。2019年国家禁毒委员会《关于加强新时代全民禁毒宣传教育工作的指导意见》中，也提出要强化毒品预防教育师资队伍建设，培养善教育、懂禁毒、能担当的禁毒师资骨干队伍。

从中小学生毒品预防教育的实践来看，以班主任为主的教师主体是学校毒品预防教育的实施者和组织者，也是学生关于毒品问题的主要解惑者。毒品预防教育的工作越来越受到重视，但在实践中，仍有不少在一线承担毒品预防教育工作的教师、民警没有经过系统、专业的毒品预防教育培训。师资力量不足、师资培训数量与质量难以匹配、预防教育内容同质化、预防教育效果不理想等问题也打击了广大教师开展预防教育的信心。

毒品预防教育，从表面上看是与毒品相关的知识以及防毒和拒毒能力的教育，但归根结底是生活态度和行为方式选择的教育。因此，毒品预防教育不能是单一、片面地进行毒品知识宣讲和拒绝毒品技能训练，而是需要转向学生自我管理能力提升、心理素质训练、行为习惯引导上的教育。只有生活态度变得积极正面，人们在面对不良诱惑时才能明确怎样的行为选择是正确的。

基于上述思考，我们借鉴和参考了我国的禁毒历史以及国外学校禁毒教育的一些举措，为在中小学开展毒品预防教育的教师量身打造了这本《毒品预防教育教学指南》。这本书分为毒品预防教育战略和规划、开展毒品预防教育的知识储备、毒品预防教育教案样例和教学设计三大模块，包括了毒品知识、毒品危害、涉毒原因、毒品成瘾原理和吸毒对个人未来发展的影响、青少年毒品预防教育的重点，以及毒品预防教育要素等方面内容；既有让小学五年级到高中二年级的一线教师能拿来就用的教案，也有让一线教师结合自己的教学对象进行教学设计的参考，还有活动设计、班会设计的蓝本。教案和教学设计、活动设计针对不同年龄阶段的学生，符合学生认知特点，既有知识连贯性，也有逻辑递进，还把民族复兴建设的观念、正面品格的建立、健康生活教育、生命教育等思想政治教育的内容融入教案和教学设计中。本书旨在帮助教师形成相应的知识储备，能够准确、有效地向学生传递正确的毒品预防知识，进一步提高教师的毒品预防教育教学能力，提升教学水平。

《毒品预防教育教学指南》的编写团队由广西警察学院禁毒学专业师生和中国－东盟禁毒研究中心研究员共同组成，编写人员有较丰富的毒品预防教育和毒品预防师资培训经验。本套教学指南由张晓春提出编写框架，陈静、叶涛参加论证，并对框架内容提出修改意见，最后由张晓春负责统稿，陈静、叶涛复核，张晓春定稿。具体编写分工如下：第一编由张晓春编撰；第二编由陈静、叶涛、吴立霞、曾贞、陈祉桦编撰；第三编由龙雪城、李美中、钟声、陈冠宇、陈泓宇、黄建燊编撰。

本书系多年来团队对毒品预防教育师资所需知识、能力、素质的一得之见，如能给毒品预防教育的教师一些启发，也是编写团队为禁毒事业添砖加瓦的幸事，但鉴于水平有限，不足与不妥之处敬请读者批评和斧正。

《毒品预防教育教学指南》编写组
2020年3月2日

目 录

第一编　毒品预防教育战略和规划　/1

 第一章　禁毒在中国　/2

  一、毒品进入中国及蔓延的简要脉络　/2

  二、西方列强对华鸦片侵略　/5

  三、中国禁毒简史　/10

 第二章　国际禁毒战略　/16

  一、国际禁毒战略的发展　/16

  二、"三减"政策　/17

  三、"三减"政策实施的方式和成效　/19

 第三章　中国的毒品预防教育　/21

  一、中国的毒品预防教育溯源　/21

  二、毒品预防教育的核心要素　/24

 第四章　毒品预防教育观念的转变　/29

  一、正确认识毒品预防宣传教育的战略地位　/29

  二、改变围绕考核指标开展毒品预防工作的思路　/30

  三、改变依赖公安民警开展毒品预防教育的思想　/30

  四、改变"贪多求大"与"博眼球"的毒品预防教育现象　/31

  五、毒品预防的重点应从对毒品知识的认知转向行为拒止　/31

第二编　开展毒品预防教育的知识储备　/33

第一章　毒品基本知识　/34
　　一、毒品的概念　/34
　　二、毒品的特征　/36
　　三、毒品的分类和常见毒品的基本知识　/39
　　四、涉毒的影响　/47
　　五、毒品亚文化　/52

第二章　毒品形势　/57
　　一、全球毒情　/57
　　二、中国毒情　/64

第三章　青少年涉毒原因　/69
　　一、个人因素　/69
　　二、家庭因素　/71
　　三、社会因素　/73
　　四、禁毒宣传教育不到位　/75

第四章　青少年毒品预防教育的教学重点　/77
　　一、心理疏导　/77
　　二、行为预防　/80
　　三、技能训练　/82
　　四、毒品预防教育中的早期干预　/84

第三编　毒品预防教育教案样例和教学设计　/89

第一章　小学阶段教案样例　/91
　　一、第一课"什么是毒品"教案样例（五年级上）　/91
　　二、第二课"毒品有什么危害"教案样例（五年级下）　/93

三、第三课"健康生活　远离毒品"教案样例（六年级上）/95

四、第四课"自我保护　百毒不侵"教案样例（六年级下）/98

第二章　小学阶段教学设计　/101

一、第一课"什么是毒品"教学设计（五年级上）/101

二、第二课"毒品有什么危害"教学设计（五年级下）/104

三、第三课"健康生活　远离毒品"教学设计（六年级上）/107

四、第四课"自我保护　百毒不侵"教学设计（六年级下）/110

五、小学阶段活动设计　/113

第三章　初中阶段教案样例　/115

一、第一课"进化的毒品"教案样例（七年级上）/115

二、第二课"毒品有多毒"教案样例（七年级下）/117

三、第三课"谁在左右我"教案样例（八年级上）/121

四、第四课"行为的边界"教案样例（八年级下）/124

五、第五课"他们怎么了"教案样例（九年级上）/126

六、第六课"一起来说'不'"教案样例（九年级下）/129

第四章　初中阶段教学设计　/133

一、第一课"进化的毒品"教学设计（七年级上）/133

二、第二课"毒品有多毒"教学设计（七年级下）/136

三、第三课"谁在左右我"教学设计（八年级上）/140

四、第四课"行为的边界"教学设计（八年级下）/143

五、第五课"他们怎么了"教学设计（九年级上）/148

六、第六课"一起来说'不'"教学设计（九年级下）/152

七、"绿色无毒护家园"主题班会　/155

第五章　高中阶段教案样例　/160

一、第一课"正确认识毒品"教案样例（高一上）/160

二、第二课"毒品＝毁灭"教案样例（高一下）/162

   三、第三课"树立禁毒意识"教案样例（高二上）/165

   四、第四课"禁毒行动我先行"教案样例（高二下）/167

第六章 高中阶段教学设计 /171

   一、第一课"正确认识毒品"教学设计（高一上）/171

   二、第二课"毒品＝毁灭"教学设计（高一下）/174

   三、第三课"树立禁毒意识"教学设计（高二上）/178

   四、第四课"禁毒行动我先行"教学设计（高二下）/181

附录 /185

附录1：禁毒相关法律法规 /186

   中华人民共和国刑法（节选）/186

   中华人民共和国禁毒法 /190

附录2：毒品预防教育重要文件 /203

   中小学生毒品预防专题教育大纲 /203

   全民禁毒教育实施意见 /206

   关于深化全民禁毒宣传教育工作的指导意见 /216

   全国青少年毒品预防教育规划（2016—2018）/230

第一编

毒品预防教育战略和规划

第一章

禁毒在中国

一、毒品进入中国及蔓延的简要脉络[①]

历史上，中国并不是毒品原植物的原产国，从古籍文献中的记载来看，毒品原植物或其种子大多由国外传入后，国人才开始种植和使用。最早传入我国的毒品原植物是罂粟，但当时罂粟种植并不广泛，最开始也并不用于提炼毒品，而是被作为名贵的观赏植物献给贵族阶层。但随着对罂粟了解和研究的深入，人们开始食用罂粟籽，并探索其药用价值，才逐渐从罂粟中提炼出了鸦片。之后因为战争，毒品鸦片开始了在中国的蔓延之势。

（一）观赏植物

罂粟原产于小亚细亚地区，大约在唐朝初年由阿拉伯商人朝贡给大唐皇帝。据《旧唐书》第198卷记载，乾封二年（667年）拂菻[②]"遣使献底也伽[③]"。这是文献中可以查证的鸦片进入中国的最早记录[④]，拂森国使在进贡"底也伽"的同时，也将罂粟的种子送到了大唐。由于罂粟花异常娇艳，不久后唐人就开始种植罂粟。从文献记载来看，唐朝时，陕西、四川都有种植罂粟的记录，

[①] 张绍民，石竣淏，张翔鹰. 禁毒大视角：中国禁毒历史概况［M］. 北京：中国人民公安大学出版社，2004.

[②] 拂菻国，中国古籍中对东罗马帝国（即拜占庭帝国）的称谓，古代亦称大秦或海西国。

[③] 底也伽，古音为 te ya ka，即含有鸦片的合方。

[④] 张绍民，石竣淏，张翔鹰. 禁毒大视角：中国禁毒历史概况［M］. 北京：中国人民公安大学出版社，2004：2-3.

当时人们主要是把罂粟当作观赏植物。这个时期有人开始品尝罂粟籽，但当时唐人还不知道如何提炼鸦片。①

（二）医食兼用

宋朝时，医家已经开始用罂粟来治病消灾，典籍中记载了不少以罂粟壳入药的药方。当时罂粟不仅是医家所重视的药品，还被民间百姓用作食补疗方，但这个时期也开始有医家关注罂粟的毒副作用。金元时期的医家承宋朝的传统，已经普遍使用罂粟治疗咳嗽和泻痢，也对罂粟的毒副作用有了进一步的了解。从明成化年间（1465—1487年）开始，已有医家从罂粟中提炼鸦片②，用来治疗泻痢、风瘫、血崩、小儿慢脾风、早泄等20多种疾病。到了明朝，人们已经懂得借助鸦片的药力纵欲。

从史料记载的情况来看，中国人知道罂粟至少有1300年的历史，了解罂粟的药用价值至少有1000年的历史，会制作鸦片也有500多年的历史，但在此期间，罂粟及鸦片并没有成为滥用的毒品。

（三）吸食初起

中国历史上关于流行服食鸦片最早的成文记载在元朝初年。元初，蒙古人远征印度，带回大量战利品——鸦片，于是就有了"士农工贾无不嗜者"的记载。③ 由于鸦片输入逐渐增多，到了明成化年间（1465—1487年），就有了街市上贩卖鸦片的记载；正德年间（1506—1521年），在广东、福建沿海出现了吸食鸦片的群体；万历年十七年（1589年），鸦片首次被列入关税货物范围。随着鸦片的吸食者逐渐增多，鸦片的需求量变大，价格也直线上涨，变得极其昂贵。在万历年间（1573—1620年），鸦片已成为高级享受物品，在宫廷内部流行，还获得了明神宗的青睐。

---

① 李时珍.本草纲目：谷部［M］.北京：人民卫生出版社，1982：1493.
② 本社编.中国文化知识精华［M］.武汉：湖北人民出版社，1989.
③ 张绍民，石竣溪，张翔鹰.禁毒大视角：中国禁毒历史概况［M］.北京：中国人民公安大学出版社，2004：6.

鸦片的早期流行在一定程度上与明朝末年禁吸烟草的政策有关，鸦片作为成瘾物品的吸食恶习也大约是在这一时期由西方传入我国的。1492年哥伦布发现美洲烟草，随后吸食烟草之风逐渐向亚欧大陆传播，烟草便迅速流行于当时的中国社会。明政府鉴于传入中国的烟草泛滥成灾的事实，1637年诏令全国禁吸烟草。由于众多的吸烟者已经养成烟瘾，并且当时有很多人已将烟草与鸦片混吸，烟草被禁后，人们只好改吸鸦片[①]，这无疑大大刺激了鸦片的流行并加深了吸食者对鸦片的依赖。这个时期是中国民众吸食鸦片行为的缓慢增长时期。

（四）快速蔓延

清初至乾隆年间，鸦片蔓延速度开始加快，到嘉庆年间（1796—1820年），随着进口鸦片增多，吸食之风也在全国扩大，尤其在鸦片走私最猖獗的广东、福建等地，出现了"沿海居民已皆有食鸦片之癖"[②]，"全中国几成为烟世界矣"[③]。道光皇帝即位后，国内的鸦片问题不断加重和扩大，广东、福建、浙江、云南等沿海和边远地区还是出现了大规模种植罂粟的现象。尽管在道光帝的严厉督促与各省督抚的积极配合之下，全国开展了轰轰烈烈的严禁、严查、严惩鸦片烟毒运动，但这却成了鸦片战争爆发的导火索。1840年，英国政府以保护英商对华贸易为借口，向中国发动了第一次鸦片战争。1842年8月29日，清政府在战败后被迫同英国签订了不平等的《南京条约》，从此英国对中国鸦片走私更加猖獗，鸦片贸易在中国的通商口岸几乎公开化。

（五）烟毒泛滥

第二次鸦片战争后，清政府取消对鸦片的严禁政策，允许鸦片贸易合法

---

① 杨丽君.当代中国吸毒问题成因与治理［M］.北京：群众出版社，2003：31.
② 中国史学会.中国近代史资料丛刊　第一种：鸦片战争（第一册）［M］.上海：新知识出版社，1955：223.
③ 中国史学会.中国近代史资料丛刊　第一种：鸦片战争（第一册）［M］.上海：新知识出版社，1955：293.

化，并收取鸦片税。巨额的鸦片税收虽然在经济上帮助清政府缓解了不少燃眉之急，但也带来了更为深重的社会灾难。

民国时期，鸦片烟毒更加泛滥。因战事频繁，国内大小军阀都把鸦片的种植贩卖当作财源，纷纷采取了包庇鸦片贩运、抽收烟税等手段筹措军饷，有些军阀甚至强迫百姓种植鸦片、公然参与制造和贩卖鸦片。军阀混战时期，鸦片烟毒重新肆虐神州大地，中国沦为名副其实的鸦片烟毒世界，中国人民遭受的烟毒残害更为深重。

二、西方列强对华鸦片侵略

（一）鸦片贸易

1. 葡萄牙

1557年，葡萄牙人收买明朝官员，将澳门攫取为居留地后，就开始收购鸦片并运往中国广州。葡萄牙人向中国输入鸦片的初期，鸦片尚作为药品进口，葡萄牙人只需向广东海关纳税就可合法贸易。1729年以前，葡萄牙每年输入中国的鸦片已达200箱。1729年，雍正皇帝颁布禁烟令，葡萄牙商人为牟取暴利，将澳门作为桥头堡大规模走私鸦片。为防止中国官方缉私与海盗抢劫，葡萄牙人竟然以武装船舰护航。直到1773年，中国的鸦片市场一直操控在葡萄牙人的手里。此后，由于西班牙人、英国人后来居上，葡萄牙人渐处劣势，但他们仍利用澳门这一基地在鸦片走私方面与东印度公司抗衡。1887年，中葡两国订立不平等条约《中葡和好通商条约》，允许葡萄牙人"永驻管理"澳门。从此，澳门进一步成为鸦片贩运基地，到1946年7月正式实行禁烟之前，澳门一直是东方鸦片走私中心之一。

2. 荷兰

1601年，荷兰商船抵达广州，由于与葡萄牙在争夺澳门的较量中处于下风，荷兰人加紧了入侵中国和日本的步伐。1604年，荷兰人抵达澎湖，要求在当地开市，遭到福建疆吏拒绝。1622年又重兵压境，侵占澎湖和台湾，并先后在台南构筑热兰遮城和赤嵌城。荷兰人盘踞台湾的时期，鸦片和烟草混合吸食的方法由爪哇经台湾、厦门传入中国内地。为了攫取利润，荷兰人对台湾地区实行了鸦片专卖制度。后来，荷兰人因帮助清政府剿灭郑氏王朝有功，取得了航运自主权，荷兰又利用这一特权大肆向中国输送鸦片。17世纪70年代，荷兰每年从印度收购35吨鸦片运往中国和东南亚，1800年后已增加到58吨。

3. 英国

18世纪初，英国成为中国最大的贸易伙伴，但最初与中国的贸易交流一直存在较大逆差。在英国商人走投无路的困境中，鸦片被罪恶地发掘出商业意义。英国官员最初十分不满英商违反中国法律向中国输入鸦片的行为，但在他们发现鸦片是平衡中英贸易逆差的唯一"法宝"后，就转而支持对华鸦片贸易。1773年，英国政府给予东印度公司鸦片专卖权，正式确立了向中国大量输入鸦片的侵略政策，开始靠"毁灭人种"的办法强行扩大亚洲市场。

为获得最大的鸦片贸易利润，东印度公司从波斯大量收购罂粟种子，在印度和孟加拉地区种植，印度殖民政府还专门建立了一套管理鸦片生产的官僚机构。鸦片生产机构从罂粟种植、收购到加工、包装、入库、销售等环节都有相应的管理制度，这使鸦片贸易可以井然有序地进行。为保证生产的鸦片能全部出口中国，他们还禁止印度民众吸食鸦片。从19世纪初起，由于鸦片走私入境的增加，中英的贸易关系改变了，中国由出超变为入超，而且数字上升惊人。在我国试图阻止罪恶的鸦片贸易的时候，英国为巨额鸦片利润所驱使，竟凭借武力使清政府就犯，并欲尽可能地扩大贸易，在这种情况下爆发了鸦片战争。

4. 美国

1775年至1783年的美国独立战争，使美国摆脱了英国的统治而独立。独立后的美国迅速发展资本主义，扩大对外贸易，在这个情况下开始了中美贸易。正常贸易没有维持多久，美国商人就被英商鸦片贸易的丰厚利润所吸引。美国鸦片商贩在其政府的支持下，积极参与鸦片贸易，疯狂地向中国倾销鸦片。美国对华鸦片贸易后来居上，超过荷兰、葡萄牙等国而仅次于英国。

（二）鸦片侵略

1. 鸦片贩子策动鸦片战争

1840年6月至1842年8月，中英之间爆发了鸦片战争，这是英国侵略者为了维持其罪恶的鸦片贸易而发动的非正义战争。

1838年底，道光帝任命林则徐为钦差大臣并节制广东水师，前往广州查禁鸦片。广州的外国鸦片商贩收到查禁鸦片的消息后，纷纷采取顽抗对策。林则徐抵达广州后，下令严禁外国人在中国走私鸦片，并要求外国商人报告贮存的鸦片数目并上缴中国政府。英国的鸦片商贩不愿意交出鸦片，他们先向林则徐递交复文，表示"不再和鸦片贸易发生关系"，才勉强交出鸦片1037箱以此敷衍林则徐，后经林则徐一再追缴，英商才交出鸦片共计237万多斤。[①] 当时英驻华商务监督义律向英国外交大臣帕麦斯顿提出报告，说中国禁烟是"不可饶恕的罪行"，要"使用足够武力"对中国进行"迅速而沉重的打击"。1839年，英国最大的鸦片贩子查顿带了很多中国地图、表册等情报资料会见帕麦斯顿，详细讨论侵略中国应用的舰艇数、人数和运输能力。他提供了详细的作战方案：占领舟山、厦门和金门岛，以此要挟清政府；到北京附近向皇帝提出"控诉"；要求赔款，割让香港，开放福州、宁波、上海等通商口岸。1840年6月，英国侵略军到达中国海面，封锁珠江口，鸦片战争爆发，鸦片贩子提供的侵略方案变成了英国政府的军事侵略行动。

2. 合法通行的"洋药"

1842年，清政府被迫与英国签订不平等条约《南京条约》，其中虽然没

---

① 马模贞.毒品在中国［M］.北京：北京出版社，1993：29.

有关于鸦片贸易的明文规定，但参与谈判的清政府官员向英国代表作出保证：不管外国商船带不带鸦片，中国都不会查问，也不会采取任何行动。在英国侵略者和清政府的默契"协议"下，鸦片贸易不久就恢复到战前的"繁荣"，甚至还享有不可侵犯的权利。

由于清政府在战后不敢再谈禁烟，英国、美国的鸦片商贩更加猖狂地往中国运销鸦片。外国毒贩采取各种办法，以谋求进一步扩展在中国各地的毒品市场。香港开埠后，从印度及其他地方运来的鸦片首先在香港集中，然后再分散到中国各地。在鸦片弛禁期间，南起广东、北到奉天（辽宁省沈阳市的旧称）的大小海口，几乎全变成鸦片船巡回出没的地方。各港口经常停泊着满载鸦片全副武装的趸船，趸船根据各地鸦片行情的变化，移动于中国沿海南北口岸抛售鸦片。19世纪中叶，汽船刚发明不久，美国人就将它改制成走私鸦片的飞剪船，以此作为对华鸦片输入的主要运载工具。飞剪船上枪炮林立，可以迎着季风前进，如果遇到中国水师缉私巡查，这些船只只要枪炮齐放就可以强行通航。

1856年，英国为了扩大对中国的侵略和掠夺，发动了第二次鸦片战争。次年，法国也加入对中国的作战。战后，清政府又签订了一系列不平等条约，正式承认贩卖鸦片为合法贸易，鸦片改称"洋药"，纳税后可通行全国。中国人民进一步被掠夺和谋害。

3. 日本侵略者的纵毒活动

日本帝国主义对中国进行军事侵略、经济侵略的同时，还推行"毒化中国"政策，这加深了对中国人民的毒害。

（1）以沦陷区为基地贩卖毒品

1917年4月，英国官方根据《中英禁烟条约》的约定，已经完全停止向中国输入鸦片。但对清末禁烟运动的兴起，日本政府则极尽阻挠破坏之能事。九一八事变前，日本关东军司令部设计了以鸦片作为特殊武器侵略东北、华北乃至全中国的方案。关东军将从前日本浪人分散、小本经营的贩毒活动，发展为由关东军直接控制支持的、有组织、有计划的大规模毒品战争。关东军向中国倾销的毒品不但有鸦片，还有海洛因、白面料（粗制海洛因）、金丹（含有鸦片的毒品）、高根（古柯）、吗啡等毒品。日军的毒品来源于国际贩毒集团、朝鲜，以及中国的热河、台湾地区。他们大多以东北为集散地，将毒品源源不断地运往中国各地。七七事变后，日军以天津日租界作为制毒、贩毒的基地，向上海、香港等地大肆走私贩卖鸦片、吗啡、海洛因等毒品。日本军方曾断言："中国只要有40%的吸毒者，那它必将永远是日本的附属国。"

（2）迫种罂粟，廉价售毒

日本推行"毒化中国"政策，不仅向中国走私和倾销鸦片，还在中国大肆种植罂粟以制造毒品，并廉价销售毒品，引诱中国老百姓吸食上瘾。当时，日军在绥远沦陷区大肆种植罂粟，每到收获季节，便引诱附近穷苦百姓前去收割。日军还在接近国统区的地带设立大型制毒工厂，强迫民众在敌我交界地带种植罂粟，这么做既能将烟毒伺机运入国统区，又能在国统区和沦陷区之间划出无粮地带。这些强迫改种的地域，大都属于敌我势力接触的游击区，不许种粮，造成沦陷区大闹粮荒、百姓不得不到国统区抢购粮食的局面，由此加重了大后方粮食供应紧张的状况，这在某种程度上让日军达到了进一步毒害中国的目的。

为了把毒品送入国统区，日本采取"让利售毒"政策，贩卖烟毒的利润有时高达成本的6倍以上，引得烟毒商贩们趋之若鹜，把大后方的许多地方搞得烟毒泛滥、乌烟瘴气。

（3）"鸦片战略"掠夺财富

"鸦片战略"是日本学术界对第二次世界大战期间日本在华强制种植罂粟并专卖鸦片行为的统称。之所以称其为"战略"，是因为日本制定这一政策时，有极强的目的性，并有完整的政策措施。整个工作由军部、特务机关，以及政府下属的兴亚院负责。兴亚院是当时日本负责中国被占地区工作的机构，以日本首相为总裁，外相、藏相、陆相和海相为副总裁，后来逐渐演变为"大东亚省"。

根据1943年"大东亚省"的调查报告，日本将中国的鸦片生产区域按照傀儡政府的管辖区划分为"满洲""蒙疆""华北""中支"四处，其中以"蒙疆政府"辖区内的鸦片产量最高。日军从中获取的利润对其侵略战争起了重要的支持作用。

在日军侵华以前，鸦片买卖至少在名义上是非法的，然而日军占领北京后数月，鸦片贸易就开始合法化。南京、上海等城市也都出现了类似情况。就这样，通过强制推广种植罂粟，日本保证了鸦片的生产；通过鸦片合法化，日本确保了鸦片对其消费人群的供应；通过鸦片专卖，日本获得了巨额的毒品利润。"鸦片战略"成为日本掠夺中国民众财富、削弱中国民众反抗能力的重要手段。

三、中国禁毒简史

（一）烟毒初禁

为遏制鸦片蔓延，康熙二十七年（1688年），清政府决定将进口鸦片的税率提高1.5倍。雍正即位时，荷兰人、西班牙人已将鸦片与烟草的拌合品及吸食方法传入台湾和福建，随后吸食鸦片之风从上流社会蔓延至下层民众。鸦片的泛滥破坏了我国原有的经济秩序，也损害了清王朝的财政收益。为维护清王朝的统治，雍正皇帝开始采取一系列查禁鸦片烟毒的措施，颁布了《惩办兴贩鸦片烟及开设烟馆条例》(俗称《禁烟条例》)。雍正时期的禁毒立法不但开创了国际禁毒工作的先河，而且雍正皇帝在位时订立的一系列禁毒法规对当今的禁毒工作仍有重大的指导意义。乾隆登基后，重申禁烟，并对进口鸦片增税，但这些措施没能阻止鸦片的蔓延。乾隆后期，每年输入中国的鸦片仍有数千箱。

1796年，嘉庆即位就发布禁止鸦片进口的禁令，1813年颁布严禁吸食鸦片的条例，1815年又颁布禁烟章程。与雍正年间的禁烟令相比，嘉庆年间颁布的禁烟令较为完善。禁烟令颁布初期，一些地方官员尚能认真执行，禁烟行动取得了一定的成效。但从全国范围看，禁烟措施的推行远没有达到预期的效果，鸦片走私进口照旧，且规模越来越大。

（二）禁烟运动的夭折

道光皇帝登基时，大量鸦片由外国输入中国，清政府的经济基础受到动摇，鸦片的泛滥也腐蚀了中国社会。道光皇帝即位伊始就大张旗鼓地开展禁烟运动，并亲自主持了中国历史上第一次禁烟运动，在他严厉督促和各省有志督抚的积极配合之下，各地禁烟取得了不小的成效，并直接影响了英国殖民当局和各国鸦片商贩的利益。历史上，道光皇帝在位时期中的1821年至1842年被称为"严禁时期"。

道光皇帝继位后重申不准鸦片进口的禁令，并贬去纵容外商夹带鸦片的官员，逮捕鸦片巨商，封锁鸦片市场，驱逐夹带鸦片的英国船只，这些禁烟措施对鸦片进口一度产生了限制。

1823年，清政府专门制定了处分查办鸦片烟不力官员的《失察鸦片烟条例》；1829年，颁布了《查禁官银出洋及私货入口章程》，重申严禁外国商船贩运鸦片到我国；1833年制定《禁种条例》，力图使禁烟运动从禁贩到禁种逐渐向纵深发展。1839年，颁布了具有禁烟纲领和规划性质的《查禁鸦片烟章程三十条》，要求用1年6个月的时间达到基本肃清鸦片毒害的目标。1839年6月3日，林则徐主持了震惊中外的虎门销烟，这一行动沉重打击了外国鸦片对中国的走私，是清政府反抗英国鸦片侵略的顶点，是全国禁烟运动的重大成果，它使道光年间的禁烟运动发展达到顶峰。

然而，正义的禁烟运动却成为西方列强对中国发动第一次鸦片战争的借口。第一次鸦片战争爆发后，清政府节节败退，道光皇帝对禁烟的态度也从勇于奋斗变为开始动摇，以致最后走向禁烟斗争的反面——签订了丧权辱国的《南京条约》。

（三）弛禁之灾

第二次鸦片战争后，清政府开始取消对鸦片的严禁，允许鸦片贸易合法化。咸丰初年，太平天国运动兴起，地方税收大减，政府财源枯竭。为解燃眉之急，东南战区的一些督抚开增鸦片税，一些地方官员也上奏要求弛禁。为缓解财政危机，清政府允许鸦片贸易合法化和鸦片纳税进口，表面上是"寓禁于征"，实际上是为了增加税收。短期内增加的税收虽然在经济上帮助清政府缓解了不少燃眉之急，但是鸦片贸易合法化带来的灾难性后果远远超出清政府的预料。首先，鸦片进口与日俱增，使清政府每年有数千万两白银持续外流，鸦片贸易成了外国掠夺中国的重要经济手段。其次，鸦片弛禁政策助长了国内鸦片流毒的公开泛滥，尤其刺激了国产鸦片的迅速增加。不仅如此，为了增加税厘，清政府官员甚至鼓励各省种植罂粟。弛禁政策直接促使鸦片流毒泛滥成灾。

（四）渐禁未果

中日甲午战争失败后，国内掀起了以救亡、革新为目标的民族主义浪潮，许多有识之士对日益泛滥的鸦片流毒越来越关注，要求清政府从救亡的高度来重视禁烟。与此同时，在华各国传教士对中国的禁烟也表示了同情与支持，他们还敦促英国政府取消对华鸦片贸易。清政府在"新政"的口号下，自身也积极寻求变革，锐意图强，对造成国贫民弱的鸦片流毒也有清除之意，一场真正的禁烟运动终于开始了。

1906年，清廷政务处拟出《禁烟章程十条》，内容包括限期禁种罂粟、限期戒除鸦片烟瘾、设立戒除会、严禁外国鸦片进口，等等，由慈禧太后批准后实施。与此同时，清政府与英国经过外交协商，英方答应逐步停止向中国输入鸦片，而中方必须在1916年禁绝国内鸦片。由于禁烟得到民众的理解和支持，加上当时国际形成了较强的禁烟舆论，清末的禁烟活动取得了一定成效。但此时我国已处于辛亥革命前夕，风雨飘摇中的清政府忙于镇压革命，又将禁烟运动晾在一边，于是清王朝也没能在灭亡前洗掉鸦片给它带来的耻辱。

（五）禁绝幻梦

1912年6月11日，袁世凯发布了《通饬禁种鸦片文》，训令天下禁绝鸦片。他还派人参加了在海牙召开的万国禁烟大会，参与议定禁烟公约，并在公约上签字，声明中国履行该公约；同时，袁世凯也在北京召开了全国禁烟会议。随后，北洋政府又颁布了禁种禁吸的命令。1917年，清政府与英国政府协定的十年禁绝鸦片期限已到，北洋政府派员与英方代表会勘各地鸦片禁种情形。经过"会勘"，看到鸦片种植得到一定程度的抑制，英方代表宣布，中国事实上已经停止种植鸦片，清政府十年禁绝鸦片的目标已经达到。

但北洋政府没有对广大烟民组织戒毒，鸦片的销售和消费问题也没有解决。"会勘"过后，有些地方又开放了烟禁，鸦片烟毒又以凶猛之势蔓延开来。北洋政府统治时期，国内大小军阀控制了从中央到地方各级政权，穷兵黩武的军阀采用勒种、赐种、铲烟等手段牟取烟毒暴利。军阀之间为争夺鸦片屡屡发生战事，不少忧国忧民之士把为各自权势和利益而发生厮杀的军阀混战称为"国内鸦片战争"。

（六）震古烁今的成就

中华人民共和国成立前，鸦片烟毒已经成为社会生活的一部分，社会道德对鸦片几乎失去了约束力，以至于制贩毒品者不以为罪，吸食毒品者不以为耻，毒祸已经成为依附在中华民族身上的一大痼疾。

中华人民共和国成立初期，中国共产党面对的烟毒危害极其严峻：一是罂粟种植普遍，全国罂粟种植面积达1 500多万亩①；二是制毒横行，制毒厂随处可见，制毒厂不仅能制烟膏，还能加工海洛因等毒品②；三是烟馆林立，百姓吸食成风。据不完全统计，中华人民共和国成立前，全国约有2 000万名吸毒人员，占总人口的5%。

中华人民共和国成立后，中国共产党和中央人民政府在全国范围内开展了轰轰烈烈的禁毒运动，包括开展大规模的禁毒宣传，让人民群众充分认识烟毒的危害；发动群众收集毒品违法犯罪线索；结合农村土地改革根除罂粟种植；大批逮捕制毒贩毒集团和毒品犯罪分子，审查处理和追缴存毒。仅3年时间，中国共产党就一举扫除了贻害中国200多年的烟毒。在这场规模空前的禁毒运动中，政府不仅依法处理了以种植、贩运、销售毒品为业的犯罪分子，缴获大量鸦片类毒品和制毒工具、武装贩毒的枪支，还在全国范围内有效地制止了罂粟种植，并通过自行戒除和强制戒除的办法，帮助上千万的烟民戒除了烟瘾。1953年，国务院总理兼外交部部长周恩来代表中国政府庄严地向全世界宣布："中国已经消灭了前人未能消灭的陋习。"③

（七）常抓不懈的战斗

1990年12月，《全国人民代表大会常务委员会关于禁毒的决定》公布实施，1998年5—7月，我国举办了以"珍爱生命、拒绝毒品"为主题的全国禁毒展览。展览结束后，国务院于1998年批准公安部成立禁毒局，于1999年重新组建了新一届国家禁毒委员会，于2000年发布了《中国的禁毒》白皮书，我国禁毒工作在社会主义市场经济条件下进入新的阶段。2007年，全国人民代表大会常务委员会通过了《中华人民共和国禁毒法》，该法于2008年6月施行。2011年，国务院又颁布了《戒毒条例》。2014年7月，中共中央、国务院又联合印发了《关于加强禁毒工作的意见》，要求各地区、各有关部门把禁毒工作

---

①② 西南区禁烟禁毒委员会.西南区一九五零年禁烟禁毒工作总结［N］.新华日报，1951-03-15.
③ 王晓平.创造世界奇迹的新中国禁烟禁毒运动［J］.党史博采（上），2019（11）：8-12.

纳入国家安全战略，作为平安中国、法治中国建设的重要内容。中共中央总书记、国家主席、中央军委主席习近平也对禁毒工作作出重要指示，他强调，从历史角度看，做好禁毒工作包含着实现中华民族伟大复兴的政治含义。他要求各级党委和政府深刻认识毒品问题的危害性，深刻认识做好禁毒工作的重要性，以对人民高度负责的精神，加强组织领导，采取有力措施，持之以恒把禁毒工作深入开展下去。

第二章

国际禁毒战略

一、国际禁毒战略的发展

（一）"减少需求"禁毒战略的提出

为全面禁绝毒品危害，联合国于1990年确立了"有效减少毒品需求"的禁毒战略。联合国第一次禁毒特别联大会议于1990年2月20日至23日在纽约召开，会议的正式名称为"国际合作取缔麻醉品和精神药物非法生产、供应、需要、贩运和分销问题的联大特别会议"，会议一致通过了关于禁毒的《政治宣言》和《全球行动纲领》。

《政治宣言》认为，非法麻醉品和精神药物对世界上所有的国家都构成严重危险，各国在今后的十年中应采取协调一致的行动与毒品作斗争，敦促国际社会加强反对毒品的教育和宣传，呼吁美国等主要毒品消费国减少非法毒品的消费，要求一些国家逐步消除毒品的种植和生产。

《全球行动纲领》认为，在取缔吸毒和非法贩毒的行动中，各国应制定均衡的战略，并将其付诸实战，其中包括减少毒品需求，消除和取代非法麻醉品的生产和加工，取缔贩毒，建立治疗和戒毒康复措施，以及加强缉毒和有关的法律系统等。

（二）"减少需求"禁毒战略的明确

1998年6月8日至10日，联合国第二次特别联大会议——第52届联大关于毒品问题的特别会议在联合国总部召开。来自150多个国家的代表和国际观察员在为期3天的会议上，交流了各国的禁毒情况和经验，审议了全球面临的禁毒任务，制定了跨世纪的禁毒战略。

会议通过了《政治宣言》《减少毒品需求指导原则宣言》和《在处理毒品问题上加强国际合作的措施》三项决议。

《政治宣言》提出了1998年后5年和10年内国际药物管制和禁毒目标，规定在2008年前使全球毒品需求大量减少。《减少毒品需求指导原则宣言》提出"全面、均衡和协调"地解决毒品问题的做法，既注重解决毒品供应，又注重减少需求。为此，这项宣言强调加强国际合作、建立社区成员之间的伙伴关系，对青少年等社会群体给予特别关注。《在处理毒品问题上加强国际合作的措施》主要在打击兴奋剂犯罪、管制用于非法制造麻醉品的化学物质、促进禁毒司法合作、打击贩毒洗钱、根除非法药物种植和促进替代发展等方面做了具体规定。

二、"三减"政策

（一）"三减"政策溯源

"三减"政策在香港也称为"3R政策"，是"supply reduction, demand reduction, harm reduction"的简称，中国内地有人将其译为"减少供应、减少需求和减少危害"政策，所以就有了"三减"政策的说法。

这个政策是20世纪90年代，由香港禁毒常务委员会主席、著名精神科医生陈佳鼐教授和他领导的禁毒常务委员会提出的。最初提出这一政策是为了减少因吸食毒品导致的艾滋病传播。当时有不少国家和地区只重视减少毒品供应而忽略减少毒品需求，导致吸毒人员中艾滋病病毒的感染比例较高；而香港作为毒品贩运的重要通道和中转站，很长时间内药物滥用的人群数量并没有明显的增长。同期同类地区的艾滋病泛滥，而香港地区的艾滋病病毒感染率和吸毒人群中艾滋病的现患率都仅有2%左右，这都归功于"三减"政策的有效实施。

（二）"三减"政策释义

减少供应，即减少对毒品的非法供应。这是很多国家在对待毒品问题上的主要策略，而且在很长一段时期内，国际上各项禁毒措施都是围绕着这一战略而开展的，并卓有成效。其做法主要是通过公安、海关、司法等执法机构以法律手段遏止毒品流入，铲除毒源，如打击毒品犯罪，缉获毒品，瓦解贩毒集团，减少或替代罂粟、大麻、古柯等毒品原植物的种植等。

减少需求，即降低对毒品的非法需求，就是通过对毒品滥用的预防宣传教育，使人们认识毒品的危害，自觉远离毒品，减少新的吸毒者，建立各种形式的戒毒、康复机构，对已经吸毒的人给予治疗，使其摆脱吸毒状态，脱毒后经过康复成为对社会有用的人，以减少原吸毒人群对毒品的需求。这是一项需要全社会共同努力的运动。

减少危害，这是一个比较新的概念，其背景是由于预防复吸和戒毒工作艰难，特别是艾滋病、性病、肝炎等传染性疾病在吸毒者中广为传播，使吸毒者本人和正常人群的健康都面临巨大的威胁，为了保护广大人民群众，由此提出了减少危害的政策。这一政策的主要施行方式是通过给顽固性吸毒者提供美沙酮维持治疗、发放洁净注射器和安全套等，避免和减少传播传染性疾病，特别是艾滋病。

"三减"政策运用在毒品问题防控上，不是采取平行进度，而是应以减少供应为先，减少需求为中，减少危害为后。因为没有毒品存在，就没有需求和滥用；没有需求和滥用，就没有毒品的危害。因此，国际禁毒斗争长期以来都主要围绕着减少毒品供应这一政策进行，但却没有取得显著的禁毒效果。近10多年来，多数国家从毒品斗争的经验中体会到，只重视减少毒品供应，忽略减少毒品需求，禁毒成效并不明显。1997年，卫生部副部长张文康在全国禁毒工作会议上对此进行了明确的阐述，号召人们要充分认识减少毒品需求的重要性，指出要努力建立科学的减少毒品非法需求的工作方案。到20世纪末，将毒品的危害减到最小化，成了世界各国主要考虑的禁毒政策，这一政策也逐渐毫无争议地成为各国和国际领域控制毒品的指导原则。

三、"三减"政策实施的方式和成效

（一）减少危害政策实施的方式

当今世界各地实际实施的毒品"危害最小化"措施有两类：一类是减少毒品使用，应用犯罪控制模式，减少吸毒和与毒品有关的犯罪在社会中的危害；另一类是减少毒品使用对公共卫生，包括对毒品使用人本身的健康的危害，防止艾滋病和其他经由血液传染的疾病传播，目标是降低毒品依赖者本身的健康问题以及疾病传播的风险。

（二）减少危害政策实施的成效

减少危害政策的提出在减少传染性疾病、规劝顽固性吸毒者戒毒方面取得了较大的成效。[①]

从现有文献资料分析，澳大利亚在减少毒品危害方面的成效比较显著。经过多年禁毒工作的探索，该国制定了联邦政府减少危害策略并取得了理想的效果：一是因吸毒过量导致死亡的人数明显减少；二是海洛因、可卡因、大麻等毒品的消费量减少；三是注射吸毒人群感染艾滋病的比例保持较低水平；四是减少了巨额经济损失。[②]

"危害最小化"政策是英国在联合国公约所确定的"减少供应、减少需求和减少危害"基础上，结合自身的经济与文化发展特色所确立的禁毒政策。

---

① 吕芳玲，赵成正.三减政策[J].生物学通报，1999，34（7）：22-23.
② 陈兴友，王洪儒.澳大利亚减少毒品危害情况的考察[J].中国药物依赖性杂志，2005，14（4）：309-312.

这个政策的实施能更好地处理执行当中的权力分配以及提高民众接受程度，同时能减少因毒品滥用间接造成的个人健康、社会治安或其他问题，还能降低与毒品滥用相关的伤害或风险行为，并且达成受控制的、非依赖性的毒品使用对吸毒者进行维持治疗或脱毒治疗，实现禁绝引发问题的毒品直到所有毒品种类的禁绝。[①]

减少供应、减少需求和减少危害作为解决毒品问题的综合均衡战略，已经逐渐为国际社会所接受。世界卫生组织（WHO）2000年指出，要预防控制艾滋病，在吸毒人群中减少危害最重要。伴随着不同时期的发展，我国毒品问题也表现出了不同特征，国外减少毒品的制度、政策、做法等为我国新时代禁毒工作提供了新的思路。

当前，我国已形成了较为完善的禁毒立法制度，初步形成了具备符合中国毒情的打击毒品犯罪和禁止有关涉毒违法行为的相关法律政策体系。减少毒品危害在一定程度上对消除毒品所带来的现实危害、关注吸毒者的安全和保证社会秩序的稳定有积极的意义。我国曾经借鉴澳大利亚的做法，在全国范围内开展了一些减少毒品危害的策略行动，对于某些"敏感"项目，如安全套发放、针具交换等，目前有委托非政府组织、群众组织、社会力量具体落实的举措，并要求实施组织接受政府的监督和管理。

社区是开展减少危害工作的重要阵地。我国根据《中华人民共和国禁毒法》的规定，在全国范围内推行了社区戒毒和社区康复的措施。社区居民对减少危害项目的理解程度，对于项目的顺利实施至关重要，要加强对项目的正面宣传，取得社区居民的理解和配合。[②]

[①] 包涵.英国毒品政策："伤害最小化"之下的困惑［N］.中国禁毒报，2017-06-09（4）.
[②] 陈兴友，王洪儒.澳大利亚减少毒品危害情况的考察［J］.中国药物依赖性杂志，2005，14（4）：309-312.

第三章

中国的毒品预防教育

一、中国的毒品预防教育溯源

（一）清末民初

中国的毒品预防教育起步于清末民初。

1838年，清朝统治阶级内部围绕鸦片走私和白银外流问题，广泛开展了一场禁烟讨论。这次讨论对于道光时期的禁烟宣传起到了积极作用，大臣们对采取禁烟措施达成了共识。太平天国时期，洪秀全制定了严厉的禁烟政策，同时还发布通俗易懂的诗歌警句，告诫人们远离鸦片毒品。

清末民初，随着中国新社会力量的聚集和公众政治参与意识的增强，一些民间组织和民众团体开始积极参与禁烟宣传教育活动，他们积极借助报纸、杂志宣传鸦片毒品的社会危害。这个时期，当时的教育部将毒品问题和毒祸讯息纳入小学、中学教科书中，并分别渗透在民族复兴建设、正面品格的建立以及抗毒的健康生活等多个范畴，注重对青少年进行毒品预防教育。

（二）民国时期

南京国民政府时期，整个社会受毒品危害较为深重，因此国民政府开始积极借助各种报刊媒介，以及戏曲、影视、文学等艺术类作品，在禁毒工作的宣传月、宣传周、纪念日发放禁毒宣传单，发布禁毒告示、告民众书，张贴禁毒宣传画和禁毒宣传标语，举办禁毒展览会、禁毒游艺会、禁毒化装游行、禁毒演讲比赛等活动，宣传毒品危害。这个时期，国民政府也把禁毒知识纳入学校教材，并安排教学课时对学生开展毒品预防教育，让学生全面认清烟毒的危害。

（三）新中国成立后

1. 新中国成立初期的大规模禁毒宣传

新中国成立初期，中央人民政府进行了广泛的群众动员，全国普遍开展禁毒宣传活动。各地共召开宣传会议765 428次，直接受教育的人数近7 500万，当时虽然没有利用公开的报刊、广播等新闻媒介做宣传，但在各地仍做到了家喻户晓、人人皆知[1]，这使得查禁烟毒成为广大人民群众的内心要求和自觉行动。仅仅用了三年时间，新中国就扫除了烟毒，创造了世界奇迹。这个时期没有明确记录将毒品预防教育的内容纳入教材和进入课堂，但社会上的宣传已经能够让青少年认识到烟毒的危害，能使他们做到自觉抵制毒品。

2. 重视不足带来的惨痛教训

1953年后到20世纪80年代初期，新中国的毒品预防教育基本处于空白状态，为了维护"无毒国"的形象，国家对禁毒工作采取了"只做不说"或者"多做少说"的态度，禁毒宣传一度成为禁区。这30年间，学校没有开设毒品预防教育课，医学院没有关于毒瘾的教学内容，医院没有戒毒医生和必备的药品，我国当时从"无毒国"变成对毒品不设防的国家[2]。当国家认识到禁毒关系着民族兴亡和人类命运，必须行动起来建立机构、组建队伍、制定法律时，我国毒品问题的治理已经到了非常被动的局面。

3. 逐步建立和完善毒品预防教育体系

1992年，国家禁毒委员会和国家教育委员会（现教育部）共同编写、审定了《禁毒教育读本》，1996年又联合编写了《毒品预防教育》一书。各地在这

---

[1] 王宏斌. 禁毒史鉴[M]. 长沙：岳麓书社，1997.
[2] 高叙法. 对禁毒教育的反思[J]. 中国药物滥用防治杂志，2003，9（4）：59-62.

个时期也陆续出版了《远离毒品》《青少年禁毒教育读本》《珍爱生命，拒绝毒品》等主要面向在校生开展毒品预防教育的书籍和影像资料。为了使毒品预防教育系统化、经常化，国家禁毒委员会统一部署，从1999年开始在全国建设禁毒教育"五个一工程"，全国禁毒部门始终坚持把毒品预防教育作为治本之策，广泛动员全社会力量参与禁毒宣传教育，组织开展声势浩大、形式多样、内容丰富的禁毒宣传教育活动。

2004年5月，国家禁毒委员会第一次提出"预防为本"的禁毒理念，并将这一理念写进禁毒工作方针。2007年底颁布《中华人民共和国禁毒法》(以下简称《禁毒法》)，其中第四条也规定"禁毒工作实行预防为主"，从法律层面明确毒品预防是禁毒工作的首要任务。《禁毒法》条例中单设"禁毒宣传教育"一章，并将其置于仅次总则的地位，这既是对我国长期开展禁毒宣传教育实践经验的肯定，也是基于纠正实践中存在的忽视毒品宣传教育、宣传教育缺乏长效机制等弊端而在法律上所采取的应对措施。2016年1月，国家禁毒委副主任、公安部党委委员刘跃进在全国学校毒品预防教育经验交流暨"6·27"工程推进会上提出："必须把青少年毒品预防教育置于禁毒工作优先发展的战略位置。"[1] 不少学者都积极投身到毒品预防教育工作中，目前多学科共同支持的毒品预防教育框架体系已初步建立。

2019年，国家禁毒委员会办公室提出要构建全覆盖毒品预防教育体系。该体系包括强化青少年的针对性毒品预防教育、深化全民普及化教育、丰富禁毒宣传教育方式、打造禁毒融媒体传播平台四个方面。其中，强化青少年的针对性毒品预防教育还需要科学设计教学内容，真正实现通过教育一个孩子、带动一个家庭、影响整个社会的禁毒宣传效果。

---

[1] 张年亮，杨树华.把青少年毒品预防教育置于禁毒工作优先发展的战略位置[N].人民公安报，2016-01-07(1).

二、毒品预防教育的核心要素

大量国内外青少年禁毒教育的成功范例表明，学校依然是毒品预防教育最有效的阵地。学校毒品预防教育应遵循"毒品知识认知—基本观念形成—行为习惯养成—拒止行为引导"的递进式教育，对毒品预防教育的内容进行整体规划和设计，以便提高教育的执行力。①

（一）内容要素

毒品预防教育的内容要素包含三个方面。

一是科学描述毒品危害。要把毒品的性质、毒品的危害、吸毒成瘾的原因、毒瘾难戒的原因等知识全面、客观地传授给青少年，帮助他们从知识上认清毒品的真面目。对毒品知识的认知学习，要贯穿从小学到高中的毒品预防教育。但对同一个知识点，不同年龄阶段的学生要求掌握的内容应该是有明显差异的，如12周岁以下的学生，受认知能力的影响，绝大部分是难以理解抽象概念的，因此，小学阶段的学生对于毒品知识的认知，要求知道常见毒品的名称和外观即可。而初中阶段的学生基本可以理解抽象概念，可以引导他们解读毒品的法律概念，并从特征去把握概念。高中阶段的学生面临学习方法和学习思维的转换，正好可以引导他们根据不同毒品对人体作用的不同来进行知识归纳和分类。到了大学阶段，学生具备了一定的逻辑思维能力，可以引导他们对毒品成瘾的原理以及新精神活性物质的发展进行认识并做出相应的分析和判断。总之，针对教学对象的年龄特点、认知能力来设计分年龄、分层级、分阶段的教学内容，灵活运用教学手段和教学方法，才能取得更好的教学效果。

二是结合本地毒情特征全面介绍毒品形势。了解毒情是为了让大众意识到毒品泛滥对个人健康的威胁，比如传染性疾病的传播；意识到毒品会给家

---

① 张晓春.毒品预防教育：从观念到执行力的全面变革[J].广西警察学院学报，2017，30（4）：1-7，9.

庭带来影响，如果家人染上毒瘾，就容易导致家庭悲剧的发生；意识到毒品对生存环境的潜在威胁，比如吸毒人员毒驾等由毒品引发的社会治安问题，对社会的安全稳定造成威胁。毒品问题的治理是一个国家综合治理能力的体现，如果不关注形势的发展，任由毒品自由泛滥，最终会影响国家的整体发展。因此，在毒品预防教育中，教师自身深入了解毒情，有助于指导毒品预防教育教学方向，同时对教学对象进行必要的毒品形势教育，有助于学生增强防毒意识。

三是普及禁毒法律法规。对在校生进行法律法规的教育，有助于培养他们的法律意识，在他们遇到相关问题时，既能使用法律武器保护自己，又知道要用法律约束自己的言行。学习我国禁毒法律相关条文，让学生知道在我国吸食、注射毒品要受到法律惩罚，知道我国对吸毒成瘾的法律惩罚种类和差异，比如吸毒成瘾可能受到什么惩罚，成瘾严重又可能受到什么惩罚；知道与毒品相关的行为是违法犯罪行为，要受到法律制裁，比如聚会时容留同学使用毒品应受到什么惩罚，强迫他人吸毒又应受到什么惩罚。

（二）心理要素

现在越来越多的青少年吸毒者在吸毒前明知是毒品，也知道毒品的危害，但还是选择吸毒。这就说明，毒品预防教育单纯地进行毒品知识的教育已经难以起到应有的效果，除进行知识教育外，还应从心理素质教育入手，帮助学生从心理上主动防范和拒绝毒品。毒品预防教育中的心理素质教育应该至少包括以下三个方面的内容：

一是正确对待好奇心，不要放任好奇心理自由发展。青少年对很多事物存有强烈的好奇心和探索的欲望，这是青少年的特点，更是优势。但在缺乏辨别是非能力的情况下，任由好奇心驱使，容易为了寻求刺激而盲目好奇。比如，听说吸毒能产生快感，便想试一试；知道吸毒有害，但在一试无妨的冒险、侥幸心理的驱使下误入歧途；在朋友的教唆下"逞英雄"而吸毒，认为自己有着和别人不一样的定力,吸毒不会上瘾。

二是正确看待"贴标签"行为,不随波逐流、不盲从。一些处在青春期、叛逆期的青少年,因个性张扬、行为乖戾,很容易被同龄人贴上负面"标签",在负面"标签"的压力下受人驱使而沾染毒品。另外,一些喜欢群聚的青少年有时候对不良的社会闲散人员没有辨识能力,容易被他们所表现出的"讲义气""豪爽"等性格吸引,部分青少年主要就是因盲目结交社会闲散人员而走上吸毒之路的。青少年的合群倾向实质上是他们在心理上对归属感的需求,这种需求有可能将青少年引入毒品的世界。教师在开展毒品预防教育时,应该关注并增加正确看待"贴标签"行为和合群心理的内容。

三是学会化解负面情绪。有些人因生活不如意导致情绪低落、意志消沉、感情无处寄托而沉迷于吸毒,以求自我麻痹,企图忘却烦恼和忧愁。一些青少年可能会因生活或学业压力过大,用吸毒来逃避现实烦恼,但药力作用过后,烦恼依然存在。因此,教师在开展毒品预防教育的同时,也需要教会学生以健康的方式化解负面情绪。

(三)行为引导要素

过去的毒品预防教育对于学生的行为选择引导不够重视。从当前新滋生的吸毒人员情况来看,对青少年特定的心理状况采取恰当的行为引导,才是让他们远离毒品的关键。行为引导不能只把眼光局限在拒绝毒品的方法和技巧上,而应该着眼于健康生活、健康人生的引导,这在养成教育中十分必要。毒品预防教育中对青少年的行为引导主要包括三个方面:

一是积极肯定和鼓励正确的行为,对学生的正性行为进行强化。正性行为强化可以矫正不良行为,训练和建立拒绝不良生活习惯、不结交损友等良好的行为习惯,进而主动远离和拒绝毒品。在小学和初中阶段,教师可以采取奖励、公开表扬等方式,强化学生远离毒品的情感、态度和价值观,引导学生领悟良好习惯以及良好素养的重要性,进而让学生主动远离毒品、建立健康的生活方式。

二是建立正确的行为模式。行为模式是人在应对问题时的一些习惯性做法。青少年如果在遇到困难寻求解决办法的时候，没有得到正确的引导，一旦受到不良行为的影响，可能就会盲从或习得不良嗜好，形成不良行为模式。因此需要为其建立正确的行为模式，填补其行为模式的空白，当遇到问题的时候可以运用或借鉴，自觉排斥或抵制不良行为。建立正确的行为模式包括选择恰当的发泄方式、选择健康的休闲娱乐方式等。

三是建立负性行为的合理惩罚体验机制。负性行为的惩罚，并非传统意义上的惩戒、责罚，不合理的惩罚可能带来负面风险。根据青少年的身心特点，通过合理的途径让其认识和体验负性行为带来的严重后果，让其切身感受到自己的行为带来的伤害，可使其厌恶不良行为，并不再重复这些行为。另外，利用虚拟技术也可以实现这一策略，但要处理学生的负性行为，更重要的是帮助他建立正确的行为模式并给予强化，帮助他建立自信。中小学特别是中学，惩罚负性行为也许会有负面风险，这时通过对此负性行为降低关注，转而积极去建立、强化正性行为可能会获得更好的效果，如从出现负性行为的学生感兴趣的方向找到好的行为代替原有不好的行为。

（四）实施要素

毒品预防教育的实施要素包括开展预防教育单位和个人的岗位计划能力、工作态度和工作能力、工作成效三个方面。其中，开展预防教育单位和个人的岗位计划能力包括是否了解具体工作内容、工作目的，能否根据自身的岗位需求设计相关的工作内容，能否有效规划工作内容；工作态度和工作能力包括开展预防教育的单位和个人是否有较强的责任心，是否能积极主动完成本职工作等；工作成效包括预防教育的宣传效果、实施效果和持续效果等。

（五）评估要素

毒品预防教育评估是为了科学分析、客观评价某次毒品预防教育活动或者某个阶段活动的效果，为后续活动及决策提供参考。评估不只是为了监测和评价毒品预防教育工作是否有效，更是为了检测教育工作是否达到效益最大化，即青少年是否能够真正认识到毒品的危害，并主动拒绝吸食毒品，积极主动选择健康的生活方式。因此，毒品预防教育设计的评估指标应该包括以下内容：

一是对毒品预防教育工作规划能力的评估，评估内容应包括针对不同的教育教学对象，谨慎地选择差异性的教学内容，并进行有效设计。

二是对实施过程的评估，主要包括对预防教育对象的组织情况和教学设计实施情况的评估等内容。

三是对短期实施结果的评估，主要是对专题讲座和禁毒宣传活动开展的即时效果进行评估。即时评估可以协助组织者调整后继课程设计、活动方式和内容，以取得最佳教学效果，有效促进毒品预防教育目标的实现。

四是对长期实施结果追踪的评估，主要是通过相关机构设计有效的评价指标，选择实验组和对照组进行3年至5年的跟踪测评，从而获得相对客观的评价。长期跟踪监测结果，是当前毒品预防教育规划课程设计是否合理、是否需要调整的有效依据。

第四章

毒品预防教育观念的转变

毒品预防教育工作开展30年来，禁毒宣传教育工作持续开展，但仍存在吸毒人员持续增长的问题。美国长达数十年的毒品控制模式的失败，迫使其在禁毒法律惩戒政策上产生了一些变化，从重视打击毒品违法犯罪转向重视毒品预防。我国的毒品预防教育工作也需要从观念上进行根本性扭转。

一、正确认识毒品预防宣传教育的战略地位

社会各界对于毒品预防工作的重要性在理论上已达成共识，但知易行难，要真正做好这项工作需要做好投入精力多、时间长且见效慢的思想准备。若没有长期持续的工作投入，几乎无法评估预防教育的工作效果。正是因为毒品预防教育既难以考察工作过程，又难以考核工作实效，所以各级禁毒部门更愿意把工作重心放在容易考评、容易出成绩、容易立功受奖的毒品案件侦破上。

要正确认识毒品预防宣传教育在禁毒工作中的战略地位，首先，各级禁毒部门的工作人员需要增强责任意识，明确为什么要做毒品预防教育工作、做什么及怎么做；其次，要把握正确的毒品预防工作导向，有效引导社会组织、各类协会和禁毒志愿者，协助各级禁毒部门做好毒品预防工作。只有守好毒品预防的阵地，才能把禁毒工作真正做好。

二、改变围绕考核指标开展毒品预防工作的思路

《全国青少年毒品预防教育规划（2016—2018）》在时序进度要求部分写进了很多考核内容，其中有9项指标是明确量化到每一年应完成的百分比任务。不少单位就围绕这9个量化指标做应付检查的台账，对那些不设量化考核指标的毒品预防方向性和评估性工作，如"营造浓厚的禁毒舆论氛围""开展青少年毒品预防教育效果评估"等，却不知道该如何开展。这与长期以绩效考评的结果作为评优评先的依据有关，也与部分毒品预防教育工作人员的工作态度有关，即消极被动地工作，没有积极主动地想办法把禁毒预防工作做好，从上至下存在习惯性围绕考核指标做工作，认为只有符合考核指标、考评效果好才是"有效的工作"，没有从根本上思考怎样做才能真正把毒品预防教育工作落到实处。

因此，扎实做好毒品预防教育，必须要改变以往围绕考核指标开展工作的思路和行为，改变没有指标就不会做工作的状况，真正树立"预防为本"的禁毒工作理念。

三、改变依赖公安民警开展毒品预防教育的思想

目前，不少中小学师生对法制副校长（包括校外法制辅导员）的毒品预防教育教学的评价并不高。因为这个角色大多是由在职警察担任，他们虽然有打击处理毒品违法犯罪案件的经验，但对禁毒理论研究不足，缺乏教学设计能力。因此，他们上课基本是以案例为主进行讲授，缺乏对知识的归纳和总结能力，最终的教学效果也不太理想。有效的做法应当是通过师资培训，让学校教师掌握毒品预防知识，特别是毒品预防教育策略，只有依托他们的岗位优势和丰富的教学经验，才能让毒品预防知识深入学生之中，做好毒品预防教育工作。

四、改变"贪多求大"与"博眼球"的毒品预防教育现象

以往的毒品预防教育,包括毒品预防教育的师资培训都存在"贪多求大"的现象。有些单位为了追求轰动性的宣传效果,动辄开展几百甚至上千人的毒品预防教育师资培训,实际收效甚微。

此外,还有"博眼球"的现象。在当前的毒品预防教育领域中,有不少人企图通过"裸奔"①、开展预设输赢的辩论赛等方式开展毒品预防教育活动,以此达到教育目的,还宣称不必执着于方式方法,能达到目的即可。这种用"博眼球"的方式开展毒品预防教育活动的做法,虽然能在短时间内吸引大众的关注,但这样的方式不但有违公平正义,而且有违毒品预防教育的初衷。这样的宣传虽然能在短期内带来爆炸性的宣传效果,但实际上却失去了宣传应有的教育意义。

五、毒品预防的重点应从对毒品知识的认知转向行为拒止

考察当前毒品预防教育教学内容,大多局限于或停留在毒品知识和理论的传授阶段,教学方法单一,学生参与教学过程的时间不足,使得教学效果大打折扣。不少教师或宣传人员没有用心深入学习、了解、更新毒品知识,也没有深入了解毒品形势及毒品危害,就给学生上毒品预防专题课。个别教师在对毒品知识一知半解的情况下,为了达到所谓的"震慑"教育效果,采取了夸大或歪曲事实的方式渲染毒品危害。这样的专题课效果不尽如人意,如果青少年发现身边已经吸食毒品的人并没有出现教师在专题课上讲的严重后果,那么他们可能就会怀疑甚至否定所有毒品预防教育的内容。

毒品预防教育,从表面上看是与毒品相关的知识以及防毒和拒毒能力的

---

① 蔡辉. 裸奔宣传禁毒太不靠谱 [N/OL]. 北京晨报, 2015-07-14. http://www.nncc626.com/2015-07/14/c_128017887.htm.

教育，但归根结底是生活态度和行为方式选择的教育。因此，有关部门、相关组织和个人都需要从毒品预防教育的顶层设计入手，从单一、片面的毒品知识宣讲和拒绝毒品技能训练，转向自我管理能力提升、心理素质训练等拒止毒品的行为引导。只有引导青少年培养积极向上的生活态度，选择正确的行为方式，他们才能有坚定的意志，坚持正确的方向，抵制不良诱惑。

第二编

开展毒品预防教育的知识储备

第一章

毒品基本知识

一、毒品的概念

在我国,毒品是指国家规定管制的能够使人形成瘾癖且在非医疗目的下滥用的麻醉药品和精神药品。

《中华人民共和国刑法》第三百五十七条规定:本法所称的毒品,是指鸦片、海洛因、甲基苯丙胺(冰毒)、吗啡、大麻、可卡因以及国家规定管制的其他能够使人形成瘾癖的麻醉药品和精神药品。我国同时将《麻醉药品品种目录》《精神药品品种目录》和《非药用类麻醉药品和精神药品管制品种增补目录》作为补充,其中所列管的药品都作为我们认定毒品的依据。

在阐述"毒品"这一概念时,必须从以下几个角度去全面理解。

第一,"毒品"并不是医学上所界定的概念,而是一种法律上的概念。

法律所界定的毒品一般是指能使人形成瘾癖的药物,这种药物主要指吸毒者滥用的鸦片、海洛因、冰毒等,还包括吸食后使人产生依赖性的天然植物、成瘾性溶剂等新精神活性物质,与医疗使用的药物是不同的概念。

从医学的角度来看,毒品本质上是一种药品。很多毒品,如吗啡、杜冷丁(哌替啶),最初也是作为以治疗为目的的药品被开发并使用的,临床应用于缓解病痛,但是这些药品如果在非医用情况下被不当使用或者滥用,就成了危害人类的毒品。

从法学的观点来看，毒品是一种会对社会和个人造成严重危害的特殊物质，是受法律程序严格管理和控制的，属于违禁品。

第二，毒品具有依赖性，即成瘾性。

毒品，最显著的特点是吸食者会对其产生依赖，也就是说毒品具有成瘾性，与日常人们所说的毒物不同。

在一定条件下，使用较小剂量就能对生物体产生损害作用或使生物体出现异常反应的外源化学物称为毒物。毒物进入机体后，通过化学作用破坏体内组织和生理功能，引起功能障碍、组织损坏，甚至直接致死，农药（如敌敌畏、百草枯等）、氰化物、砒霜、一氧化碳等都是毒物。

然而毒品，例如人们常说的海洛因、吗啡等，除对身体具有毒害性外，还会使人形成瘾癖。在毒品的概念中，用"形成瘾癖"来特指能使人形成习惯的病态嗜好，这种成瘾性表现在吸食者中断用药后，身体出现戒断综合征，对机体造成更大伤害。一旦停止使用，吸食者会十分难受，这时就需要靠不断吸食毒品来缓解这种难受，进而形成了依赖，逐步对身体造成巨大的、不可逆转的伤害，严重时甚至直接危及生命。这种由依赖性导致的伤害是毒品区别于其他毒物的重要特征之一。

第三，毒品概念中的"麻醉药品"，是指对人的中枢神经系统有麻醉作用，连续使用后易使人产生生理依赖、形成瘾癖的药品，包括阿片类、可卡因类、大麻类、合成麻醉药品、药用原植物及其制剂等。

第四，毒品概念中的"精神药品"，是指直接作用于中枢神经系统，使之兴奋或抑制，连续使用能产生依赖性的药品，主要包括镇静催眠药类、中枢兴奋药类、镇痛药及复方制剂类等。我国卫生管理部门将精神药品分为第一类精神药品和第二类精神药品，并据此分类进行管理。

国家禁毒法律将可能被滥用的药品专门列管，这是区分毒品和一般嗜好品的依据，如果某种物质仅仅具有毒害性和依赖性，而没有被国家列入管制物品，那么也不能称之为毒品。

综上所述，毒品是指那些具有毒害性、成瘾性，被国家法律法规管制的、在非医疗目的下使用的麻醉药品和精神药品。

二、毒品的特征

毒品就像瘟疫一样传播、蔓延，毒害着人们，毒害着家庭，毒害着社会。一般说来，毒品具有如下特征：

（一）依赖性

毒品是能够使人形成瘾癖的物质，形成瘾癖又叫产生依赖，是否使人成瘾，这是区分毒品和一般毒物的依据。吸食毒品后，吸毒者无论是在生理上还是心理上，都会对毒品产生强烈的依赖，我们称之为吸毒成瘾。一旦停止使用毒品，吸毒者就会十分痛苦，同时也会承受心理上的煎熬。

依赖性有两种表现形式，一种是生理依赖，也叫身体依赖。毒品作用于人体，使人体机能产生适应性改变，形成在药物作用下的一种新的平衡状态，吸毒者停止使用毒品后，生理功能会出现异常，需要不断使用这类毒品以使身体重新达到平衡。另一种是心理依赖，毒品对吸毒者产生特别强烈的吸引力，从而引发强迫用药的行为。

（二）耐受性

随着吸毒者一次又一次地吸入毒品，吸食毒品使其身体所产生的快感会渐渐下降，吸毒者为了达到与之前相同的快感，会渐渐加大毒品的吸食剂量，这一现象称为耐受性。当吸食这种方式已经无法满足吸毒者所需要的"快感"时，他们会开始采取注射毒品的方式获得"快感"，并且注射的量也会随着注射次数的增多而逐渐增加。长期以往，吸毒者的身体机能会在摄入毒品量增加的同时被慢慢破坏。

（三）危害性

1. 严重危害身心健康

第一，吸毒会破坏人体正常生理机能。毒品损害人的心脑血液循环系统和微循环系统功能，会出现心脏传导阻滞、心律不齐、心动过缓等症状。吸毒还容易引起急性中毒，随着人体对毒品耐受性的增加，吸毒者吸食毒品的剂量会不断加大，如果用量超过了人体的承受能力，就会引起急性中毒，出现心律失常和缺氧，若抢救不及时就会死亡。吸毒还易导致免疫力下降，使吸毒者百病丛生，如患肺气肿、肺结核、传染性肝炎、脑血栓、糖尿病、肾衰竭、性病、艾滋病等疾病。

第二，吸毒不仅损害个人的身体健康，其引起的传染性疾病（如乙型肝炎、丙型肝炎、性病、艾滋病等）还会威胁他人的健康，造成公共卫生问题。其中，由于吸毒而引起的艾滋病感染和传播最为严重，这是因为静脉注射毒品者会共用不洁注射器，由此引发病毒的交叉感染，导致艾滋病的感染率极高。

第三，吸毒还会引发心理问题，导致精神障碍、性格扭曲。毒品损害人的大脑和中枢神经系统，吸毒者往往注意力不集中、反应迟钝、失眠易怒、性情粗暴，有的还会出现人格障碍。长期吸食毒品所产生的心理疾病症状与偏执型精神分裂症相似，表现为易产生错觉及幻觉、敏感、多疑、偏执、被害妄想、夸大妄想等，个别吸食者还会出现躁狂的症状，自我约束力下降，具有暴力攻击倾向，若不加以控制，极易出现自杀和暴力攻击、抢劫、性侵害等行为，成为社会的治安隐患。

2. 导致家庭悲剧

吸毒导致大量家庭悲剧的发生，一旦家庭中出现吸毒者，就意味着贫困和矛盾围绕着这个家庭，结局往往是倾家荡产、家破人亡。

吸毒需要耗费大量钱财，这会给家庭带来巨大的经济负担，会掏空一个家庭的积蓄。到了一定程度后，吸毒者还会变卖家中财产换取毒品，导致家徒四壁。

吸食毒品使人性格偏激、暴躁，极易引发家庭暴力等行为。人一旦染上毒瘾，会逐渐失去对家庭的责任感和义务观念，无力承担其家庭职责，吸毒引发的家庭暴力和犯罪最终也会导致家庭破裂。

此外，毒品影响和改变人的正常生育功能，会对孕妇和胎儿产生不利影响。孕妇吸毒将严重影响胎儿的正常发育，易使胎儿发生畸形，导致死胎或早夭，有的甚至导致新生儿染上毒瘾。

3. 影响社会治安

毒品活动会加剧诱发各种违法犯罪活动，扰乱社会治安，给社会稳定带来巨大威胁。

一方面，吸毒者在吸食毒品后会产生兴奋感、出现幻觉，极易诱发过激行为，引发故意伤害、危险驾驶、盗窃抢劫、强奸等造成严重后果的违法行为。另一方面，由于吸毒、贩毒的人数增加，毒品活动又大多涉及犯罪团伙，极易形成大型的集团犯罪，这必然会对社会的安全稳定带来巨大危害。

4. 危害国家安全

毒品泛滥严重威胁国家安全。19世纪的中国发生了两次鸦片战争，皆因毒品鸦片而起。外国侵略者通过对当时的中国倾销鸦片，使大量民众，甚至军队里的士兵都染上了毒瘾，国民整体体质大幅下降，军队战斗力急剧削弱，中国百姓深受其害。

同时，大量的鸦片流入，使得国家财富被掏空，政府无法在军事、社会、民生方面进行大量经济投入，军队装备老旧，社会基础设施建设得不到保障，人民生活水平持续下降。

国力一再下降，当时的中国孱弱无比，帝国主义侵略者看到了机会，对中国进行了惨无人道的侵略，中国人民的百年苦难便由此开始。

（四）违法性

毒品是与违法犯罪行为有关的物质，被国家法律法规明令禁止，吸食（注射）、制造、贩卖、运输、非法持有毒品都是违反国家法律规定的，都会受到相应的治安行政处罚或刑事处罚。

是否受国家法律和国际法规管制，这是区分毒品与一般嗜好品的依据。如果某种物质仅仅具有毒害性或依赖性，而没有被法律规定管制，那么这种物质就不是毒品，只是一般嗜好品，如烟、酒等。另外，被管制的麻醉药品和精神药品，如果以医疗、科研为目的，被合理地生产、管理和正确使用，它的本质属性仍是药品，使用是合法的。如果违反国际公约和国家法律而被用于非法目的，这些药品则转化为毒品，一旦使用就要受到法律的处罚。

三、毒品的分类和常见毒品的基本知识

（一）毒品的分类

毒品的种类和范围不是一成不变的。随着某些新型毒品的问世和发现，以及某些易成瘾癖性的药品被滥用，毒品的种类和范围不断扩大，因此分类方法也不尽相同。

一般来说，有以下几种常见的分类方法：

一是从毒品的来源看，可分为天然毒品、半合成毒品和合成毒品三大类。天然毒品是直接从毒品原植物中提取的毒品，如鸦片；半合成毒品是由天然毒品与化学物质合成而得，如海洛因；合成毒品是完全利用人工化学合成的方法制造出来的毒品，如冰毒。

二是从毒品对人中枢神经的作用看，可分为抑制剂、兴奋剂和致幻剂。抑制剂能抑制中枢神经系统，具有镇静和放松作用，如阿片类毒品；兴奋剂能刺激中枢神经系统，使人兴奋，如苯丙胺类毒品；致幻剂能使人产生幻觉，

导致自我歪曲和思维分裂，如麦司卡林。

三是从毒品的自然属性看，可分为麻醉药品和精神药品。麻醉药品是指对中枢神经有麻醉作用，连续使用易使身体产生依赖性的药品，如阿片类毒品；精神药品是指直接作用于中枢神经系统，使人产生兴奋或抑制兴奋，连续使用能产生依赖性的药品，如苯丙胺类毒品。

四是从毒品流行的时间顺序看，可分为传统毒品和新型合成毒品。传统毒品一般指鸦片、海洛因等流行较早的阿片类毒品；新型合成毒品是相对传统毒品而言，主要指冰毒、摇头丸等人工化学合成的致幻剂、兴奋剂类毒品，在我国主要从20世纪末21世纪初开始在歌舞娱乐场所中流行。

但是，在解读毒品的种类时，我们往往会产生一个疑问：经过那么多年对毒品的严格控制，毒品的种类究竟是越来越少，还是越来越多？

通过研究发现，我们得到的答案是后者。因为在很多时候，毒品是在"进化"着的，是随着社会的发展和时代的需求在不断"进化"的。毒品的历史是从药品到毒品不断转化的历史，也就是毒品不断"进化"的历史。

（二）常见毒品的基本知识

1. 毒品滥用的起点：天然毒品

（1）鸦片

最先在中国泛滥的毒品是鸦片，最先在世界范围内泛滥的毒品也是鸦片。

鸦片又叫阿片，俗称"大烟"，是用罂粟果实中流出的乳状物经干燥凝结后加工而成的，因产地不同而呈黑色或褐色，味苦。生鸦片经过烧煮和发酵，可制成精制鸦片，吸食时有一种强烈的香甜气味。吸食者初吸时会感到头晕目眩、恶心或头痛，多次吸食就会上瘾。长期吸食鸦片，会变得瘦弱不堪，面无血色，目光呆滞，引发失眠，并会丧失免疫力，极易感染各种疾病。

（2）古柯

古柯是生长在拉丁美洲、亚洲东南部等地的热带灌木，是原产于南美洲高山地区的传统植物。古柯树株高2~4米，生命周期为30~40年，每年可采摘古柯叶3~4次。自古以来，古印第安人就有咀嚼古柯树叶的习惯，以此来提神醒脑，消除疲劳。古柯叶还曾被用于治疗某些慢性病，但很快其毒害作用就得到科学证实。古柯叶是提取古柯类毒品的重要物质，从古柯叶中分离出的最主要的生物碱就是可卡因。

（3）大麻

大麻是桑科一年生草本植物，分为有毒大麻和无毒大麻。无毒大麻的茎、秆纤维长而坚韧，可用于织麻布或纺线，种子可榨油。有毒大麻主要指矮小、多分枝的印度大麻。大麻类毒品主要由有毒大麻提炼而成，包括大麻烟、大麻脂、大麻油以及大麻的浓缩物哈希什等，其主要活性成分是四氢大麻酚。大麻对中枢神经系统有抑制、麻醉作用，吸食后使人产生欣快感，有时会出现幻觉、产生妄想，长期吸食会引起精神障碍、思维迟钝，并破坏人体的免疫系统。

2.毒品"进化"的延续：半合成毒品出现

（1）吗啡

吗啡是从鸦片中分离出来的一种生物碱，在鸦片中的平均含量在10%左右，纯品吗啡为白色结晶或白色结晶状粉末。吗啡具有镇痛、催眠、止咳、止泻等作用，吸食后会使人产生欣快感，比鸦片容易成瘾。长期使用会引起精神失常、谵妄和幻觉，一次性过量使用会导致呼吸衰竭而死亡。历史上，吗啡曾被用作精神药品来戒断鸦片，但由于其不良反应过大，最终被认定为毒品。

19世纪初，德国药剂师泽尔蒂尼从鸦片中分离出一种具有镇痛作用的生物碱，因其使用后的催眠效果很强，易使人入梦，所以科学家就以希腊神话中梦境与睡眠之神——摩耳甫斯（Morpheus）的名字将这种麻醉镇痛剂命名为"吗啡"（Morphine）。这在当时被视为医学史上的伟大发现，一时轰动了整个欧洲医学界。但不过数十年，它的毒副作用就明显地表现出来了，人们只能继续寻找可以替代吗啡的镇痛药。

（2）海洛因

海洛因的化学名称为二乙酰吗啡，俗称"白粉"，它是由吗啡和醋酸酐等物质反应而制成的，镇痛作用是吗啡的4~8倍，医学上曾广泛用于麻醉镇痛，但成瘾快，极难戒断。长期使用会破坏人的免疫功能，并导致心、肝、肾等主要脏器的损害。不洁的注射吸食还会导致艾滋病等传染性疾病的传播。历史上它曾被用作精神药品来戒断吗啡的毒瘾，后来发现它具有比吗啡更强的药物依赖性，成瘾性更强，不良反应更大，最终被认定为毒品。海洛因被称为"世界毒品之王"，是我国目前监控、查禁的最重要的毒品之一。

1874年，英国化学家莱特最先利用吗啡加上醋酸酐，在炉上燃煮，提炼出半合成化衍生物二乙酰吗啡。1897年，德国拜耳药厂化学家霍夫曼将二乙酰吗啡制成药物，止痛效力远高于吗啡，并注册商品名为"海洛因"（Heroin），意指"英雄"。海洛因的出现也曾作为伟大的发明而轰动一时，人们认为它可以取代鸦片和吗啡，因为它具有吗啡和鸦片的医用价值，却又无毒副作用。1898年到1910年，该药上市时，以"不会上瘾的吗啡"作为广告宣传，其后还曾用作儿童止咳药。若干年后，人们才发现该药经过体内代谢会转化成吗啡，也会产生比吗啡更为强劲的毒副作用。

（3）可卡因

可卡因是从古柯叶中提取的一种白色晶状生物碱，是强效的中枢神经兴奋剂和局部麻醉剂，能阻断人体神经传导，产生局部麻醉作用，并可通过加强人体内化学物质的活性刺激大脑皮层，兴奋中枢神经，使人表现得情绪高涨、好动、健谈，有时还有攻击倾向。可卡因具有很强的成瘾性。

1859年，奥地利化学家纽曼从古柯叶提取的麻药成分中精制出高纯度的物质，并命名为可卡因，它同样具有很大的毒副作用。因其成瘾性强，并会对吸食者的健康造成巨大伤害，1914年，美国宣布将可卡因列为禁药。至今，绝大多数国家都在法律上禁止可卡因的出售和使用，中国也将可卡因列入毒品管制范畴。

3. 毒品"进化"的高峰：化学合成毒品

（1）冰毒

冰毒，化学名为甲基苯丙胺，是在麻黄素的化学结构基础上改造而成的，故又称为去氧麻黄碱。冰毒为纯白结晶体，外观似冰，故被称为"冰（Ice）"。冰毒对人体中枢神经系统有极强的刺激作用，且毒性强烈。冰毒的精神依赖性很强，吸食后会使人产生强烈的生理兴奋，大量消耗人的体力并降低免疫力，严重损害心脏、大脑组织，甚至导致死亡。吸食冰毒还会造成精神障碍，使人产生妄想、错觉和好斗的表现，从而引发暴力行为。

冰毒属于苯丙胺类衍生物的一种，原先是作为药物使用。苯丙胺类药品于1887年合成，而后又于1919年合成甲基苯丙胺（冰毒）。直到1927年，苯丙胺类药品的精神药理学作用才首次被描述出来。之后苯丙胺类药品开始应用于临床，作为中枢神经兴奋药，通过口服或静脉注射，用于治疗麻醉药过量、抑郁症及发作性睡眠等，亦被用作遏制食欲的药物以治疗肥胖症。第二次世界大战期间，苯丙胺类药品作为军队用药，用以解除士兵的疲劳和振奋精神。

第二次世界大战后，苯丙胺类物质的首次大规模滥用爆发于日本。造成这次流行的直接原因是用于军事目的的苯丙胺类物质大批投入市场。这次滥用涉及50万人，其中有5万人最终患上了苯丙胺精神病。此后20年间，在欧洲和美国也发生过类似的大流行，其对人所造成的精神障碍和暴力行为殃及整个社会。

到20世纪70年代，由于各国对冰毒施行了管制措施，限量生产和限制使用，冰毒的泛滥有所缓和。遗憾的是，苯丙胺类药物的滥用问题一直没有解决，流行的浪潮在不同的时间和不同的地点此起彼伏，继续对公共卫生和人类社会造成危害。

（2）摇头丸（MDMA）

摇头丸俗称"狂喜丸""狂欢丸""疯药"等，是冰毒的衍生物，以MDMA等苯丙胺类兴奋剂为主要成分，具有兴奋和致幻双重作用，滥用后可出现长时间随音乐剧烈摆动头部的现象，故称为"摇头丸"。摇头丸多呈片剂，外观五颜六色，服用后会使人的中枢神经强烈兴奋，除出现摇头的动作外，还会在幻觉作用下引发集体淫乱、自残和攻击行为，并可诱发急性心脑血管疾病及精神分裂症，精神依赖性强。

最初在我国，摇头丸是指以MDMA、MDA等苯丙胺类兴奋剂为主要成分的丸剂。目前常被滥用的摇头丸成分更为混杂，除MDMA、MDA等成分外，还常含有冰毒、氯胺酮、麻黄素、咖啡因、其他解热镇痛药等物质，由此增强了摇头丸的致幻、兴奋作用以及对人体的毒性。服食摇头丸的现象在我国大中城市的娱乐场所中十分突出，服食者多为青少年，由此造成了严重的社会问题。

（3）K粉

K粉即氯胺酮，是一种静脉麻醉药，曾用作兽用麻醉药。氯胺酮为白色结晶粉末，无臭，易溶于水，通常在娱乐场所滥用。人在服用后身体瘫软，一旦接触到节奏奔放的音乐便会条件反射般剧烈扭动、手舞足蹈，这种状态一般会持续数小时，甚至更长时间，直到药性渐散身体虚脱为止。吸食K粉会导致神经中毒反应、精神分裂症状，出现幻听、幻视等，对记忆力和思维能力造成严重损害。

一些不法分子经常在酒吧、舞厅等娱乐场所将K粉和冰毒、摇头丸混合在一起兜售给吸毒者使用，这种毒品具有兴奋和致幻的双重作用。毒品之间相互作用产生的毒性较两种毒品单独使用产生的毒性要强得多，很容易引发过量中毒，甚至死亡。目前，也发现有把K粉溶于水中诱骗年轻女性服用后实施性侵犯的案件，因此 K 粉也被叫作"强奸药"或"强奸粉"。

（4）γ-羟丁酸（GHB）

GHB 俗称"液体迷魂药"或"G 毒"，在香港又叫作"fing 霸""迷奸水"，是一种无色、无味的液体。GHB 对中枢神经系统有强烈的抑制作用，目前是我国规定管制的第一类精神药品。

滥用 GHB 会造成暂时性记忆丧失、恶心、呕吐、头痛、反射作用丧失，并很快失去意识、昏迷，甚至死亡，与酒精并用更会加剧其危险性。由于 GHB 易溶于饮料，服用后又会表现出性欲增强的特点并快速产生睡意，苏醒后会出现短暂性记忆缺失，即对昏迷期间发生的任何事件无记忆，因此 GHB 常被犯罪分子用于实施强奸。

（5）麦角二乙胺（LSD）

LSD 是已知药力最强的致幻剂，极易为人体吸收，服用后会使人产生幻视、幻听等幻觉，出现惊慌失措、思想迷乱、疑神疑鬼、焦虑不安、行为失控和完全无助的精神错乱症状，同时会失去方向感以及辨别距离和时间的能力。LSD 对人体有相当大的毒副作用，会使身体严重受损，甚至导致死亡。

在合成毒品不断"进化"的过程中，逐渐出现了第三代毒品——新精神活性物质。新精神活性物质又称"策划药"或"实验室毒品"，是不法分子为逃避打击而对已经管制的毒品进行化学结构修饰，得到的毒品类似物。这些毒品类似物具有与管制毒品相似或更强的兴奋、致幻、麻醉等效果，成瘾性极强，其成瘾机理和传统毒品是一样的，即破坏中枢神经，主要表现特征是滥用时的中枢神经兴奋和戒断后的中枢神经抑制交替出现。现代社会中对新精神活性物质滥用的情况并不鲜见，而且相比传统毒品，其传播范围更广、危害更大。目前，我国规定管制的新精神活性物质主要包括合成大麻素类、卡西酮类（如"浴盐"）、芬太尼类、苯乙胺类、哌嗪类、色胺类以及一些有精神活性成分的植物（如恰特草、卡痛叶和鼠尾草）。

4. 毒品"进化"的裂变：滥用物质激增

（1）杜冷丁

即哌替啶，是一种人工合成的阿片类镇痛药，为白色结晶性粉末，味微苦，无臭，其作用和机理与吗啡相似，但镇静、麻醉效力比吗啡低，仅相当于吗啡的1/10~1/8。长期使用会产生依赖性，在我国被列为严格管制的麻醉药品。

（2）三唑仑

三唑仑别名"海乐神""酣乐欣"，淡蓝色片剂，是一种常用的镇静催眠药，口服后可以迅速使人昏迷晕倒，故俗称"迷药""蒙汗药""迷魂药"。三唑仑可以伴随酒精类饮料共同服用，也可溶于水及其他饮料中。见效迅速，药效比普通安定强，服用5~10分钟即可见效，用药2片的致眠效果可以达到6小时以上，昏睡期间对外界无任何知觉。长期服用可发生依赖和成瘾，停用时会出现反跳现象和戒断反应，使人出现狂躁、好斗，甚至个性改变等情况。由于三唑仑的催眠效果远远高于安定等其他精神药品，长期服用极易导致药物依赖。

（3）氟硝西泮

又名氟硝基安定，俗称"十字架"，是一种药粉或药片状物质，属苯二氮䓬类镇静催眠药，是我国规定管制的第二类精神药品。该药镇静、催眠作用较强，诱导睡眠迅速，可让人持续睡眠5~7小时。氟硝西泮通常与酒精合并滥用，滥用后可使受害者在药物作用下无能力反抗而被强奸或抢劫，醒后会对所发生的事情失忆。氟硝西泮与酒精和其他镇静、催眠药合用后可导致中毒死亡。

（4）咖啡因

咖啡因是一种植物生物碱，在许多植物中都能够发现。人类最常使用的含咖啡因的植物包括咖啡、茶及一些可可，咖啡因也可以由化学物质合成而得。大剂量长期使用咖啡因会对人体造成损害，引起惊厥、心律失常，并可诱发或加重消化性肠道溃疡，甚至导致吸食者下一代智能低下、肢体畸形。同时，咖啡因具有成瘾性，停用会出现戒断症状。

此外，还有一些成瘾性处方药，如含有可待因成分的止咳水、地西泮、安眠酮（甲喹酮）等，若在非医疗目的下滥用，其对人体的毒害作用也非常大，长期滥用以获得快感就更为危险。若在违法的情况下使用，也会被认定为吸食毒品。

四、涉毒的影响

（一）吸毒成瘾的概念

法律规定不同成瘾程度的吸毒人员会受到不同程度的处罚，但是究竟何谓吸毒成瘾呢？《吸毒成瘾认定办法》第二条有明确的规定："本办法所称吸毒成瘾，是指吸毒人员因反复使用毒品而导致的慢性复发性脑病，表现为不顾不良后果、强迫性寻求及使用毒品的行为，常伴有不同程度的个人健康及社会功能损害。"

（二）吸毒行为、吸毒成瘾的认定及处罚

1. 吸毒行为、吸毒成瘾的认定

吸毒成瘾情形的成立是建立在吸毒行为基础上的，换言之，存在吸毒行为，不一定属于成瘾，比如对于初次吸食的行为，都不属于成瘾。此外还有一种情况，人体生物样本检测证明体内含有毒品成分的情形，可能是因为使用某种药物治病，这种情形要根据具体情况来判定是否吸毒成瘾。为便于实践操作，在《吸毒成瘾认定办法》第七条中，对于吸毒成瘾的认定做了更为详细的规定。

2. 吸毒行为、吸毒成瘾的处罚

一旦被认定存在吸毒行为（被人引诱或者强迫、欺骗吸毒的除外），甚至

吸毒成瘾的人，公安机关就可以根据《禁毒法》和《中华人民共和国治安管理处罚法》(以下简称《治安管理处罚法》)执行处罚。

《治安管理处罚法》第七十二条第三款明确规定，吸食、注射毒品的，处十日以上十五日以下拘留，可以并处二千元以下罚款；情节较轻的，处五日以下拘留或者五百元以下罚款。《禁毒法》第三十三条明确规定，对吸毒成瘾人员，公安机关可以责令其接受社区戒毒，同时通知吸毒人员户籍所在地或者现居住地的城市街道办事处、乡镇人民政府。社区戒毒的期限为三年。

3. 吸毒成瘾严重的认定及处罚

吸毒成瘾严重是在吸毒成瘾的基础上更进一步的行为。关于吸毒成瘾严重的认定，《吸毒成瘾认定办法》第八条规定：

吸毒成瘾人员具有下列情形之一的，公安机关认定其吸毒成瘾严重：

（一）曾经被责令社区戒毒、强制隔离戒毒（含《禁毒法》实施以前被强制戒毒或者劳教戒毒）、社区康复或者参加过戒毒药物维持治疗，再次吸食、注射毒品的；

（二）有证据证明其采取注射方式使用毒品或者至少三次使用累计涉及两类以上毒品的；

（三）有证据证明其使用毒品后伴有聚众淫乱、自伤自残或者暴力侵犯他人人身、财产安全或者妨害公共安全等行为的。

在实践中，对于吸毒成瘾严重的吸毒人员，往往都是给予行政处罚和强制隔离的双重处罚，《禁毒法》第三十八条规定：

吸毒成瘾人员有下列情形之一的，由县级以上人民政府公安机关作出强制隔离戒毒的决定：

（一）拒绝接受社区戒毒的；

（二）在社区戒毒期间吸食、注射毒品的；

（三）严重违反社区戒毒协议的；

（四）经社区戒毒、强制隔离戒毒后再次吸食、注射毒品的。

对于吸毒成瘾严重，通过社区戒毒难以戒除毒瘾的人员，公安机关可以直接作出强制隔离戒毒的决定。

吸毒成瘾人员自愿接受强制隔离戒毒的，经公安机关同意，可以进入强制隔离戒毒场所戒毒。

（三）部分涉毒行为的认定和处罚

1. 非法持有毒品罪的认定和处罚

所谓非法持有毒品行为，是指明知是鸦片、海洛因、甲基苯丙胺或者其他毒品，而非法持有且数量较大的行为。

"非法"的定义是，只有国家规定的生产、管理、运输、使用精神药品或麻醉药品的单位才有权利合法掌握和使用，其他单位或者个人掌握、控制都属于非法。

对于非法持有毒品罪，《中华人民共和国刑法》（以下简称《刑法》）第三百四十八条规定：非法持有鸦片一千克以上、海洛因或者甲基苯丙胺五十克以上或者其他毒品数量大的，处七年以上有期徒刑或者无期徒刑，并处罚金；非法持有鸦片二百克以上不满一千克、海洛因或者甲基苯丙胺十克以上不满五十克或者其他毒品数量较大的，处三年以下有期徒刑、拘役或者管制，并处罚金；情节严重的，处三年以上七年以下有期徒刑，并处罚金。

2. 容留他人吸毒罪的认定和处罚

容留他人吸毒是指为他人吸食、注射毒品提供场所的行为。

关于容留他人吸毒罪，我国《刑法》第三百五十四条规定：容留他人吸食、注射毒品的，处三年以下有期徒刑、拘役或者管制，并处罚金。

3. 引诱他人吸毒罪的认定和处罚

引诱他人吸毒是指以金钱、物质或者含有毒品的物质引诱他人吸食毒品，或者以向他人进行鼓动等方法勾引、诱使、拉拢本无吸毒意愿的人吸毒。

根据《刑法》第三百五十三条，引诱、教唆、欺骗他人吸食、注射毒品的，处三年以下有期徒刑、拘役或者管制，并处罚金；情节严重的，处三年以上七年以下有期徒刑，并处罚金。强迫他人吸食、注射毒品的，处三年以上十年以下有期徒刑，并处罚金。引诱、教唆、欺骗或者强迫未成年人吸食、注射毒品的，从重处罚。

（四）吸毒成瘾对个人的影响

尽管根据《禁毒法》和《戒毒条例》，戒毒人员在入学、就业、享受社会保障等方面不得受到歧视，但还是有一些关乎公共安全的职业在法律上明确规定有吸毒史的人员限制参与，有部分权益也会受到影响。具体有以下几个方面：

1. 不得录取为公务员，也限制录用为公职人员

公职人员包括公务员和参公管理人员；在依法委托管理公共事务的组织中从事公务的人员；国有企业管理人员；公办的教育、科研、文化、医疗卫生、体育等单位中从事管理的人员；基层群众性自治组织中从事管理的人员，比如村民委员会成员等；其他依法履行公职的人员。根据《中华人民共和国公务员法》第五十九条第十三款规定，公务员不得参与或者支持色情、吸毒、赌博、迷信等活动。我国《行政机关公务员处分条例》第三十一条也规定："吸食、注射毒品或者组织、支持、参与卖淫、嫖娼、色情淫乱活动的，给予撤职或者开除处分。"此外，中国共产党党员若参与吸毒、涉毒活动的，将受到党纪的严重处分；《事业单位工作人员处分暂行规定》的相关内容也规定了对公职人员涉毒进行相应的处分。

2016年国家禁毒委员会办公室发布了《关于切实加强公务员吸毒问题防治工作的通知》，罗列了多项体现"零容忍"的措施，反映了党和国家首先要从队伍内部肃清毒品问题的坚定决心，具体内容包括：

（1）加大对公务员吸毒问题的排查发现和查处力度。这既是我国公务员队伍管理的基本要求，也是民心所向，更是维护我国政府政治生态风清气正的关键。

（2）把好公职人员队伍"入口关"。公职人员招录要开展吸毒检测工作，部分地区和特殊职位的公务员招录还要将吸毒检测纳入体检范围，要开展新招录公务员的身份信息与全国禁毒信息系统的碰撞比对。审查考生有无吸毒史的招录要求，是对公职人员"入口"从严把关的体现。

（3）加强抽查暗访和约谈问责力度。将频发公职人员吸毒案件的地区列入重点整治地区，通过抽查暗访、不定期督导检查，以及建立对公职人员队伍的日常毒检排查，以对问题严重的地方领导进行约谈等方式，加强监督力度。

公职人员，特别是党员领导干部，手中握有较多的社会资源，对社会秩序的建立、社会舆论的导向负有不可推卸的责任，是国家安全与秩序的维护者，他们的行为也对普通民众有一定的导向作用。因此，凡是有吸毒经历的，不得录取为公务员，也限制录用为公职人员。

2. 存在诸多职业限制

（1）《金融机构高级管理人员任职资格管理办法》第十三条规定，"有赌博、吸毒、嫖娼等违反社会公德不良行为，造成不良影响的"，不得担任金融机构高级管理人员。

（2）《易制毒化学品管理条例》第七条规定："企业法定代表人和技术、管理人员具有安全生产和易制毒化学品的有关知识，无毒品犯罪记录。"因此，有涉毒行为的人员不得担任易制毒化学品企业的法定代表人、技术人员、管理人员。

（3）《娱乐场所管理条例》第五条规定，"因吸食、注射毒品曾被强制戒毒的"，不得开办娱乐场所和在娱乐场所内从业。

（4）有涉毒行为的人员不得从事公交车、网约车等工作。《网络预约出租车经营服务管理暂行办法》第十四条规定，从事网约车服务的驾驶员应当无吸毒记录。根据《城市公共汽车和电车客运管理规定》第二十七条，运营企业聘用的从事城市公共汽电车客运的驾驶员、乘务员应当"无吸毒或者暴力犯罪记录"。

（5）《幼儿园工作规程》第三十九条规定："有犯罪、吸毒记录和精神病史者不得在幼儿园工作。"

（6）《保安服务管理条例》第十七条规定，曾经被强制隔离戒毒的不得担任保安员。

（7）根据《机动车驾驶证申领和使用规定》第十三条，三年内有吸食、注射毒品行为或者解除强制隔离戒毒措施未满三年，或者长期服用依赖性精神药品成瘾尚未戒除的，不得申请机动车驾驶证。

3. 其他权益也会受到影响

除以上提到的职业限制外，涉毒人员的一些个人权益也会受到一定影响，如根据《个人税收递延型商业养老保险业务管理暂行办法》提供的《个人税收递延型养老金保险产品示范条款》中明确规定：被保险人于开始领取养老年金前，被保险人主动吸食或注射毒品，导致被保险人身故或身体全残的，本公司不承担给付身故保险金或身体全残保险金的责任。

五、毒品亚文化

（一）亚文化和毒品亚文化关系

要了解毒品亚文化，首先要了解清楚它从何而来，它的定义又是什么。毒品亚文化其实是亚文化中的一种。那什么是亚文化呢？

亚文化（subculture，也译作"次文化"）这个术语来源于20世纪40年代，由美国社会学鼻祖芝加哥学派正式使用，用来描述美国新兴城市中的越轨群体。此后，这个术语的含义不断发生变化。英国的文化研究学派——伯明翰学派所使用的亚文化概念，既指生活方式，也指文化群体。

亚文化是一种普遍而又独特的文化现象，是人类文化结构中不可或缺的组成部分，与处于社会主导地位的主流文化形态共存于同一个社会、经济和文化体系中，但它通常又是一种与主导文化具有明显差异的文化形态，仅为社会上一部分成员或某一社会群体所接受的特有文化。

值得注意的是，亚文化以实现个人自有享乐和天性的自我解放为特点，它的存在和发展，对于来自社会以及人自身的各种束缚、压制都会有抗拒和冲击。西方流行文化所大力宣扬的体验快感、身体的放纵与性方面的解放等观念，正是亚文化的典型代表。随着全球化的纵深发展，西方流行文化为当前世界各地许多年轻人接纳和认同，蔓延到中国后的西方流行文化主要以"快乐文化"的形式出现，而毒品亚文化是西方流行文化中享乐主义、消费主义等蔓延的一个重要衍生品，其特质对年轻人具有很大的吸引力。[①]

学界对于毒品亚文化有不一样的解释，本书认为所谓的毒品亚文化，涵盖了毒品问题在文化领域所有的表现形态，如毒品文化、跨文化毒品问题以及与毒品相关的其他文化现象等，具体表现为一群将吸食毒品融入其生活，因对吸毒的所谓意义与价值有着共同理解而联系在一起的特定群体的特有文化。[②] 毒品亚文化的要素包括海洛因、冰毒、K粉、摇头丸等具体的毒品，特定的吸食工具、吸食场所、吸食情景，以及与吸食毒品相关的特定语言、动作和行为表现。[③] 此类群体有不同的存在形式，国内常见的是吸食毒品的朋友群体，共同遵守一定的"规则"，进而联合一道，互帮互助获取毒品或逃避法

[①] 冯诗涵.新型毒品亚文化背景下我国禁毒政策反思[J].山西警察学院学报，2019，27（2）：67-71.
[②] 林晓萍.毒品文化与福建省青少年群体性吸毒行为及其预防教育对策[J].福建论坛（人文社会科学版），2016（11）：202-206.
[③] 贾东明，郭崧.试论戒毒人员心理及行为与青少年毒品亚文化的关系[J].健康教育与健康促进，2018，13（4）：362-365.

律的制裁。毒品亚文化也属于反主流文化和越轨文化[①]。

（二）毒品亚文化的内涵与发展过程

1. 毒品亚文化的内涵

毒品亚文化具有其独特且丰富的内涵，如吸毒群体中流行的"行话"、吸食毒品的方法和技巧，乃至吸毒的行为标准和价值观等内容，无不在吸毒群体中得以传承。[②] 例如他们"圈内"交流常用的"溜冰""陪溜""嗨""陪嗨""嗨大了""打K""摇头""找食"等行话。一方面，这种毒品亚文化语言便利于吸毒群体内部的交流与沟通，容易形成群体内部的亲密感和凝聚力；另一方面，则显示出"内外有别"的排外性。同时，来自主流文化的非议、排斥、指责、疏远甚至唾弃，使得大多数吸毒青少年同相似境遇之人建立、发展起更为密切的关系，"抱团取暖"，以获取毒品和精神支撑。逐渐地，他们成了"粉友"，唯有与"同类人"在一起，他们才会感觉到不被作为另类看待而倍感身心轻松。共同的需求和相似的经历，使得吸毒的青少年之间凝聚力不断增强，他们相互信任、互相依赖，共同有效解决毒品的来源和承担吸毒带来的风险，成了"志同道合"的"圈内人"。

2. 毒品亚文化的发展

中国毒品亚文化的兴起，与中国经济发展的时代背景密不可分。20世纪70年代末，世界毒潮和以"金三角"为代表的境外毒源通过新的贩运路线从我国南部开始渗透。改革开放后毒品的市场扩大，人们消费毒品的能力逐渐增强。

21世纪以来，冰毒、摇头丸等新型毒品在世界大部分高收入城市的年轻人中广泛传播，替代传统毒品，成为年轻人中常见的流行元素。毒品亚文化将吸毒描述为寻求快感和刺激、消除空虚与痛苦的生活方式，认为新型毒品成瘾性低、相对温和，甚至无害。这些价值观念的渗透，为毒品开拓了更为

[①②] 林晓萍. 毒品亚文化与福建省青少年群体性吸毒行为及其预防教育对策[J]. 福建论坛（人文社会科学版），2016（11）：202-206.

广阔的消费市场。吸食新型毒品成为"有钱人才吸毒"的炫耀资本,并转化为一种"更高级"的身份标志,代表了与底层消费群体相区别的消费层级,借以摘除其原先"堕落"等负面的社会标签。

(三)毒品亚文化对青少年的影响

毒品亚文化作为一种不良亚文化,会与社会主流文化相对抗,一旦在青少年意识形态中占据主导地位,会使得部分正确世界观、价值观缺失的青少年迷失方向,进而导致犯罪行为的发生。在经济全球化、信息化浪潮的推动下,由于个人主义、拜金主义、享乐主义等价值观念的冲击,中国传统的公共价值与道德约束式微,为毒品亚文化的传播提供了现实土壤。而改革开放后,我国在"世界毒潮"的影响下,毒品市场扩大、消费能力增加,以及新型毒品制造简单、品种繁多、价格低廉,这使得毒品更加"触手可及"。合成毒品在这一时期开始出现,最初被称为"舞会毒品"或"俱乐部毒品",顾名思义,就是娱乐场所的产物。而迪厅、酒吧、夜总会、KTV等娱乐场所已经成为新潮时尚和享乐生活方式发展的场所,备受一些青少年的青睐和欢迎,这些场所成为他们使用毒品的"摇篮"和"温床"。毒品亚文化由此滋生,并得以迅速传播、发展,成为一种给社会带来危害的越轨流行文化,吸引着越来越多的青少年去盲目"跟风"、效仿、尝试进而成瘾。

青少年的毒品使用与同伴、毒品亚文化圈子的影响有着密切联系,青少年在从初次接触毒品到彻底成为毒品使用者的过程中,群体亚文化氛围对其起着推波助澜的作用。同伴之间的相互影响存在"多数无知"现象,即亲密的朋友可能会花更多的时间在一起,从而更容易模仿高风险行为。有研究数据表明,在首次吸毒经历中,毒品由朋友、同学、熟人提供的概率为61%;在509位吸毒者中,有443位周边朋友也是吸毒者[①]。青年女性吸毒者在吸毒生

---

① 王君,买吾拉尼·买买提依明,阮玉华,等.新疆乌鲁木齐市吸毒人群首次吸毒的影响因素分析[J].中国药物滥用防治杂志,2006,12(3):125-127,177.

涯扩张期的表现如同"学徒",和资深吸毒者交朋友,学习毒品亚文化,努力融入毒友圈①。还有调查研究发现,在对滥用合成毒品的青少年收集到的313份调查问卷显示,100%的人员都有过不止一次群体吸毒的经历②。

毒品亚文化迎合了青少年叛逆、不计后果、刻意凸显个性、"赶潮"的性格特征,给吸毒者提供了所谓的群体信念与相同的价值观,从而使他们进一步获取社会群体的认同感。通过共享的价值观念与"溜冰"等特有的毒品文化话语系统相互联结,一定程度上瓦解了青少年对吸毒的恐惧感与罪恶感,继而转化为对毒品亚文化圈子的归属感与共通的品位感。事实上,毒品亚文化传播的本质在于把青少年的吸毒行为正当化,从而在一定程度上减轻吸毒者在使用毒品过程中所产生的社会与心理压力,导致青少年尤其是问题少年陷入吸毒的深渊无法自拔,也加剧了将青少年进一步拉入毒品圈的问题③。

---

① 刘柳,段慧娟.毒友圈与圈子亚文化:青年女性之吸毒生涯扩张期探析[J].中国青年研究,2018(1):11-17.
②③ 林晓萍.毒品亚文化与福建省青少年群体性吸毒行为及其预防教育对策[J].福建论坛(人文社会科学版),2016(11):202-206.

第二章

毒品形势

一、全球毒情

（一）毒品使用情况、生产情况概述

1. 毒品使用情况

根据《2019年世界毒品问题报告》，2017年，全球估计有2.71亿人（占全球15~64岁人口的5.5%）在上一年使用过毒品，其中大约3 500万人饱受药物滥用的困扰。2017年的估计吸毒人数与2016年的估计数相似，但与2009年的估计吸毒人数相比高出了近30%（2009年估计在上一年使用过毒品的约为2.1亿人）。9年间吸毒人数猛增，全球15~64岁人口增长了10%是一大原因。另一重要原因是非洲、亚洲、欧洲和北美洲的类阿片使用流行率升高，北美洲、南美洲和亚洲的大麻使用流行率升高。

全世界使用最广泛的毒品仍然是大麻。2017年，在上一年使用过大麻的估计有1.88亿人，其中有1 380万为15~16岁的青少年。大麻使用流行率尽管在美洲和亚洲呈上升趋势，但10年来在全球范围内基本保持稳定。2017年，全世界大约有5 340万人在过去一年使用过类阿片毒品，这个数字比2016年估计的高出了56%，其中2 920万人服用过海洛因和鸦片等阿片剂，这一数字也比2016年估计的高出50%。

报告还指出：2017年全球范围内，可卡因使用人数约为1 810万人，苯丙

胺和药用兴奋剂使用人数约为2 892万人,摇头丸使用人数约为2 129万人。

2. 毒品原植物的种植和毒品的制造生产情况

报告显示,2007—2018年非法罂粟种植面积由235 700公顷上涨到345 800公顷。2007—2018年烘干鸦片的潜在产量,2007年产量为8 090吨,在2017年达到历史峰值10 410吨,2018年产量为7 790吨。2007—2018年由全球非法鸦片产量计算出的全球海洛因产量,2007年为686吨,2018年为487~737吨。2007—2017年全球古柯树非法种植面积由181 600公顷上涨到245 400公顷,主要种植国家为多民族玻利维亚国、哥伦比亚、秘鲁。2017年100%纯可卡因的潜在产量为1 976吨。

3. 吸毒病症患者及死亡情况

2017年,上一年度全球吸毒疾患患者[①]约有3 500万人,约有1 100万人注射毒品,他们承受着极大的健康风险,其中有超过一半的人(约560万人)感染丙型肝炎,八分之一的人(约140万人)感染艾滋病。

《2019年世界毒品问题报告》中还提到,"2017全球疾病负担研究"预计,2017年全球有58.5万人死于吸毒,而损失的"健康"生存期(早死和残疾生存年数)约有4 200万年,大约半数和毒品有关的死亡原因是未经治疗的丙型肝炎导致的肝癌和肝硬化。据世界卫生组织报告,2015年大约有45万人因吸毒死亡,在这些死亡病例中,有16.7万例与吸毒病症直接相关(主要是吸毒过量),其余的死亡也与吸毒间接相关,包括因不安全注射而感染艾滋病病毒和丙型肝炎所致死亡。在毒品对人体健康危害名单中,类阿片(主要是海洛因)造成的危害仍是最大的,占吸毒病症所涉死亡病例的76%。

---

① "吸毒疾患患者"指的是这些人的吸毒行为对他们的危害可能达到对毒品产生依赖性和(或)需要治疗的程度。

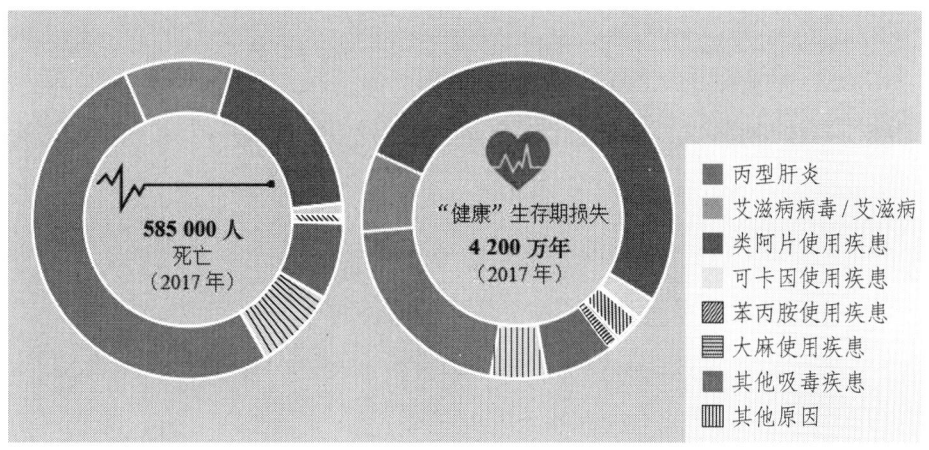

丙型肝炎和类阿片使用疾患是吸毒造成的大多数死亡和残疾的原因

（资料来源：华盛顿大学卫生计量与评估研究所，"2017年全球疾病负担研究"，全球卫生数据交流网）

在全球范围内，能够获得治疗服务的滥用药物人员是有限的，每年只有七分之一滥用药物的人接受治疗。疾病负担最重的是东亚、东南亚、南亚、北美洲。妇女受非医疗使用镇静剂的影响高于一般人群。

（二）毒品供给趋势和缉获情况

1. 可卡因产量和缉获量达到历史最高水平

2017年，全球可卡因非法制造估计数达到历史最高水平1 976吨（估计数为100%纯度），比上一年增加25%。造成这一情况的主要原因是哥伦比亚可卡因制造量增加，据估计，该国生产的可卡因占世界可卡因产量的70%。2017年，哥伦比亚种植古柯树的生产区显著增多，古柯树种植面积扩大了17%，可卡因产量增加了31%。

虽然可卡因产量激增，但世界范围内对毒品打击力度的增加也有效地遏制了可卡因的供应。2017年全球可卡因缉获量增至1 275吨，同比增加了13%，这是有史以来报告的最大缉获量。在过去十年中，可卡因缉获量增加了74%，而产量只增加了50%，这得益于全球范围内的毒品打击与国际禁毒执法合作。

2016年，估计有1 810万人使用可卡因，据报告，北美洲和大洋洲的使用率较高，分别为2.1%和1.6%。有迹象表明，在西欧、中欧、大洋洲和一些南美洲国家，可卡因使用量有所增加。在亚洲和西非的部分地区，据报告缉获的可卡因越来越多，这表明可卡因使用可能会增加。

2. 东南亚成为世界上增长最快的甲基苯丙胺市场

东亚和东南亚地区缉获的甲基苯丙胺数量在2007年至2017年增长了8倍，达到了82吨，占全球缉获总量的45%，2018年时预计的甲基苯丙胺缉获量会急剧上升，达到116吨。据报告，2018年东亚和东南亚缉获了约7.45亿片甲基苯丙胺，其中5.15亿片是在泰国缉获的。东南亚的大多数国家都把甲基苯丙胺列为治疗中遇到的主要致病毒品。北美洲是苯丙胺（苯丙胺和甲基苯丙胺）流行率全球最高次区域，占15~64岁人口的2.1%。在北美洲，使用甲基苯丙胺的人往往比滥用药用兴奋剂的人更频繁、更大量地使用甲基苯丙胺，这对其身体的伤害也更为严重。如在美国，因使用包括甲基苯丙胺在内的精神刺激剂过量而死亡的人数从2007年的1 300例增加到2017年的10 000多例。

3. 合成类阿片使用量激增

随着不同种类原本用于制药的类阿片药物的误用，处方类阿片的非医疗性使用正在成为主要威胁，此类药物主要包括了曲马多、芬太尼及新精神活性物质（主要是芬太尼类似物）。曲马多在非洲被广泛作为非医疗性药物使用。报告称，2017年尼日利亚15~64岁人口中有4.7%的人在上一年有过非医疗使用处方类阿片，其中曲马多是突出的最常见的滥用类阿片。在非洲中部和西部，以及北美洲，曲马多的交易和滥用问题也相当严峻，并且部分曲马多还被交易到近东和中东地区。全球曲马多缉获量由2010年的不到10千克增加到2017年的125吨，7年间增长了近12 500倍。

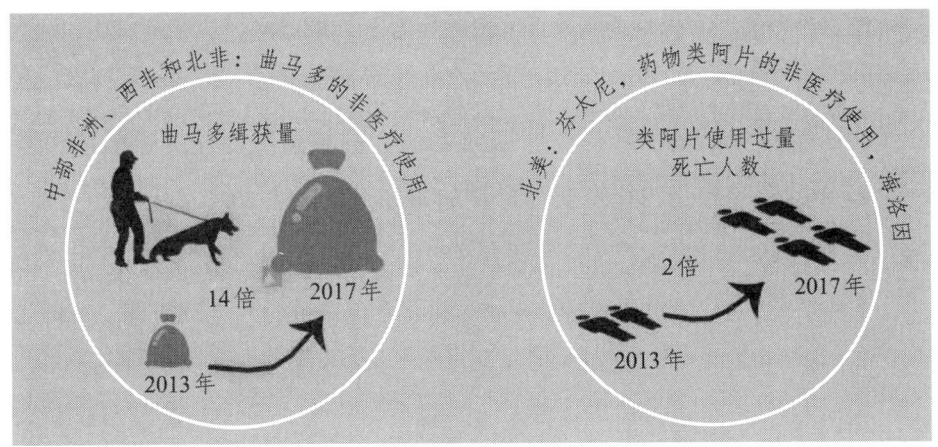

全球类阿片危机

（资料来源：《2019年世界毒品问题报告》）

在北美洲，随着过度使用合成类阿片药物（主要是芬太尼）所导致的死亡数量上升，2017年，美国记录的类阿片使用过量致死人数超过47 000人，同比增加了13%。在加拿大，2017年报告的与类阿片有关的死亡人数近4 000人，同比增加33%，涉及芬太尼或芬太尼类似物的死亡人数占69%，同比增加19%。

此前，北美洲是芬太尼的主要市场，但缉获数据表明，贩运活动已扩大至全世界。2017年向毒品和犯罪问题办公室报告缉获芬太尼的国家有16个，而在2013年仅有4个。市场上属于合成类阿片的新精神活性物质（主要是芬太尼类似物）数量以前所未有的速度增长。它从2009年的1种物质增加到2017年的46种物质，而在2015—2017年，市场上存在的新精神活性物质总数稳定在每年大约500种物质。在首次报告的新精神活性物质中，合成类阿片已成为继兴奋剂之后的第二大最重要的物质类别。2017年，这一类别在新确定的新精神活性物质中占到了29%。

4. 尽管鸦片产量下降，缉获量上升，但海洛因仍在进入市场

2018年全球鸦片种植面积为346 000公顷，同比下降约17%。近几年鸦片种植面积最多的国家分别为阿富汗（2018年为263 000公顷）、缅甸（2018年为37 300公顷）、墨西哥（2016—2017年为30 600公顷）。

2018年鸦片产量下降，主要原因是最大种植国阿富汗的干旱。阿富汗2018年的鸦片产量占全球鸦片产量的82%。在过去20年呈上升趋势后，2017年至2018年，全球鸦片产量下降了25%，降至约7 790吨。尽管出现了这一下降情况，鸦片产量仍是自1990年起有系统监测鸦片生产数据以来排名第三的产量。

2017年，全球鸦片剂缉获量再次达到历史最高水平，缉获的鸦片约为693吨，同比增加5%。此外，缉获的海洛因103吨，同比增加13%；吗啡87吨，同比增加33%。将这些缉获量折合成普通海洛因当量，海洛因缉获量超过吗啡和鸦片。2017年缉获的所有阿片剂中约有86%是在亚洲缉获的，该区域非法鸦片产量占全球产量的90%以上。全球海洛因缉获量的增长速度快于生产速度，这表明执法努力和国际合作的效率可能有所提高。

5. 大麻市场正在经历转变

2017年全球大麻缉获量中，美洲居全球最高，共占61%，北美洲的大麻缉获量处于长期下降趋势，2017年较2010年的缉获量下降了77%。由于加拿大、乌拉圭、美国多个法域实施了非医疗使用大麻合法化的措施，大麻非医疗使用合法化可能导致人们，特别是年轻人对使用大麻所造成伤害的风险认识降低，以及全球大麻的非医疗使用有所增加。在大麻合法化的背景下，大麻使用强度一直在增加，特别是在北美洲经常性（非医疗）使用大麻的情况增长尤为显著。例如，在美国，2007年至2017年，上一年使用过大麻的人数增加了约60%，其中每日或几乎每日使用大麻的人数翻了一倍，这一类人是大麻的最主要消费者。

6. 致幻剂贩运在地域上比其他毒品类型的贩运更集中

氯胺酮是一种不受国际管制的物质。2017年，氯胺酮缉获量占过去五年缉获的致幻剂数量的87%①，东亚和东南亚仍然是氯胺酮的最大市场。2013—2017年，亚洲（主要是东亚和东南亚）当局报告的氯胺酮缉获量占全球缉获总量的96%。不过，氯胺酮贩运似乎正蔓延到其他区域，包括欧洲、美洲和大洋洲。麦角二乙胺和其他致幻剂大多在北美洲缉获，2015—2017年，非氯胺酮致幻剂约有88%是在美洲缉获的。这些行动主要是由美国执法当局进行的。就重量而言，这类物质中在全球最常被缉获的是苯环利定，俗称"天使尘"，占2011年至2017年缉获的致幻剂总量的44%。但在2016年和2017年，二甲基色胺开始在全球致幻剂（不包括氯胺酮）缉获量中居首位。

7. 可卡因贩运已扩大为一种全球现象

2013—2017年，报告缉获可卡因的所有区域约143个国家，高于1983—1987年的99个国家。从南美洲安第斯国家贩运的可卡因大多运往北美、西欧和中欧的主要消费市场。近年来，北美洲的缉获量翻了一番多，从2013年的94吨增加到2017年的238吨。全世界第二大可卡因贩运流是从安第斯国家流向西欧。西欧和中欧的可卡因缉获量在过去五年中也翻了一番多，从2013年的65吨增加到2017年的141吨。

（三）禁毒执法情况

1. 控制"合法兴奋剂"有助于扼杀新兴毒品市场

新精神活性物质市场是多样化和动态的，经常有新物质合成，并常作为"合法兴奋剂"出售——有的作为受管制物质的替代品，有的与受管制物质相混合。尽管如此，很少有新精神活性物质建立起长期的利益市场。有证据表明，加强对新精神活性物质的法律管制对阻止普通人使用新精神活性物质有积极作用。如2011年美国禁止销售"浴盐"（主要是合成卡西酮）后，此类兴奋剂的使用普遍显著减少。

---

① 虽然典型剂量的氯胺酮致幻效果远远大于典型剂量的麦角二乙胺，如果按剂量而不是按重量计算，则麦角二乙胺占过去20年缉获的致幻剂的95%。

2. 打击"暗网"毒品市场

执法机构在2017年取缔了世界上最大的"暗网"毒品市场之一——AlphaBay，另一个较著名的市场Hansa也随之被取缔。2019年4月30日，全球第一大"暗网"市场Dream Market宣布关闭，随之5月，当时全球第二大"暗网"市场交易平台"华尔街市场"被取缔。一系列的取缔行动后，有调查显示，在"暗网"上购买毒品的用户比例有可能下降，特别是在北美洲、大洋洲和拉丁美洲。

二、中国毒情

2019年6月17日，国家禁毒委员会办公室发布《2018年中国毒品形势报告》。报告指出，通过一年的努力，中国禁毒工作取得明显成效，国内禁毒形势呈现整体向好、持续改观的积极变化，多数地方毒品形势正在逐步好转。2018年，全年破获毒品犯罪案件10.96万起，同比下降21.7%；抓获犯罪嫌疑人13.74万名，同比下降18.7%；缴获各类毒品67.9吨，同比下降23.9%；查处吸毒人员71.7万人次，同比下降17.6%；依法强制隔离戒毒27.9万人次，同比下降13%；责令社区戒毒社区康复24.2万人次，同比下降6.9%。持续加大禁毒管制工作力度，及时将溴素等5种化学品和芬太尼类物质列入管制。

（一）全国毒情分析[①]

截至2018年底，全国现有吸毒人员240.4万名（不含戒断三年未发现复吸人数、死亡人数和离境人数），同比下降5.8%，但毒品滥用人数的规模仍然较大。有30个省（区、市）涉毒违法犯罪人员中未成年人所占比例下降，青少年毒品预防教育成效继续得到巩固。在240.4万名现有吸毒人员中，滥用冰毒

---

① 该部分数据摘自《2018年中国毒品形势报告》。

人员135万名，占56.1%，冰毒已取代海洛因成为我国滥用人数最多的毒品。大麻滥用继续呈现上升趋势，在华外籍人员、有境外学习或工作经历的人员及娱乐圈演艺工作者中，大麻滥用情况出现增多的趋势。

1. 新类型毒品不断出现

为吸引消费者、迷惑公众，一些毒贩不断翻新毒品花样，变换包装形态，"神仙水""娜塔沙""0号胶囊""氟胺酮"等新类型毒品不断出现，具有极强的伪装性、迷惑性和"时尚性"，以青少年在娱乐场所滥用为主，给监管执法带来难度。

2. 境外毒品向我国渗透呈加剧势头

报告指出，"金三角"、"金新月"（阿富汗、巴基斯坦和伊朗三国交界处）和南美洲等境外毒源地对中国"多头入境、全线渗透"的复杂态势仍未改变，境外毒品向我国渗透呈进一步加剧势头。"金三角"毒品渗透加剧，合成毒品入境增多。"金新月"毒品产量保持高位，海洛因走私入境时有发生。南美大宗可卡因过境中转情况突出，缴获量增长迅猛。加拿大宣布大麻合法化以及美国多数州宣布娱乐和医用大麻合法化以来，从北美洲向中国走私大麻的案件增多。

3. 国内制毒能力大幅削弱

2018年，我国共破获国内制毒案件412起，捣毁制毒窝点268个，缴获毒品14.7吨，同比分别下降30.8%、15.5%和37%，规模化制造冰毒、氯胺酮持续萎缩。经过持续严打整治，国内制毒犯罪活动受到重创，传统制毒重点省份——广东出现源头性收缩，制毒活动不断向其他管控薄弱地区转移，以往较少发现制毒活动的西北、东北地区制毒活动上升明显。制毒窝点发现难度更大、情况更趋复杂。

制毒物品流失风险加大，全年共破获制毒物品案件1 157起，缴获各类易制毒化学品1.1万吨，非列管化学品和制毒设备流失数量依然较大。

4. 贩毒手段更智能，互联网成为贩毒人员交易平台

虽然"海陆空邮港"仍为贩毒主要渠道，但随着近几年互联网、物流快递等新业态迅猛发展，不法分子越来越多地应用现代技术手段，全方位利用"互联网+物流"等渠道走私贩运毒品，贩毒手段的科技化、智能化明显升级。犯罪分子通过互联网发布、订购、销售毒品和制毒物品，物色、诱骗、招募"马仔"运毒，"入伙"需要熟人介绍，联络使用隐语、暗语，交易采用微信、支付宝、Q币等在线支付方式，交易活动"两头不见人"，贩毒活动在互联网上更加隐蔽。国际快递已成为跨国贩毒集团向中国走私大麻、恰特草等毒品和中国毒品走私出境的"双向渠道"。2018年以来，利用"暗网"贩毒的情况增多，寄递物流贩运毒品情况更加突出。

（二）广西毒情分析

广西壮族自治区西邻云南，东接广东，临近港澳地区，是我国华南地区重要的交通枢纽。广西西南与越南接壤，南部濒临北部湾，是我国西南地区最便捷的出海通道，是中国除云南外离"金三角"地区最近的省份，也是西南地区唯一拥有沿边、沿海城市的自治区。全区共有3个地级市8个县(市、区)103个乡（镇）与越南毗邻，陆地边境线长1 020千米。便利的地理交通位置与进出广西的多条路径，使广西成了"金三角"毒品走私过境的重要通道。另外，在我国持续加强对中缅边境毒品走私活动打击力度的背景下，境外毒贩主要通过云南、广西方向的中越边境向我国走私毒品。近年来，广西中越边境地区毒品走私问题持续发酵，已被公安部确定为仅次于云南中缅边境的我国第二大毒品走私入境通道。根据广西壮族自治区公安厅禁毒总队提供的数据显示，2018年1月至12月中旬，广西边境崇左、百色、防城港三市已破获的毒品案件608起，抓获涉毒嫌疑人842人，缴获各类毒品187.47千克。

广西边境毒情主要呈现以下特点：

1. 越南北部海洛因对广西渗透加剧

"金三角"毒品传统过境路线有两条：一条是由缅北地区通过云南过境广西再辗转到广东，最后从广东分散至香港、澳门和台湾地区；另一条是从"金三角"地区转运到越南，由中越边境入境广西再中转到广东，利用广东地区发达的港口贸易优势，将毒品藏匿于出海量和装载量大的货轮中，经海运运输至欧美地区。近年来，大量"金三角"海洛因经老挝北部陆路通道中转进入越南北部的高平、谅山、广宁等地囤积加工，对广西边境三市八县形成全面渗透态势。据国际禁毒机构和中国国家禁毒委员会办公室监测分析，中国有30%的海洛因是从广西走私入境。贩毒团伙逐渐重视"越南—广西"贩运通道，将入境起点从较为固定的凭祥、东兴向崇左、百色和钦州等地扩展，新旧入境通道逐步连成一片。据统计，崇左市已连续三年缴获海洛因数量排名广西第一。百色市也深受毒品入境影响，截至2018年7月，百色市破获毒品刑事案件200余起，较2017年增长43.3%。

2. 边境地区跨境贩毒十分猖獗

中国与越南山水相连，中越边境线广西段存在很多便捷通道，因地方语言近似，以及长期的边贸活动、通婚等，部分边民对于越南人非经关口而由便道进入我国境内的情况习以为常。一些越南犯罪分子利用地理位置上的便利从事毒品犯罪活动，与我国边民交往甚密，有的甚至以通婚来达到便于往返中越边境的目的。近三年来，涉及越南人员入境贩毒的案件数和抓获的越南籍涉毒嫌疑人数，以及缴毒数逐年增多。在广西边境沿线形成许多"毒瘤"村屯，与越方一侧贩毒"堡垒村"相互勾结，藏毒贩毒，固定的以父辈、血缘关系为基础的宗族式、家族式组织的毒品走私犯罪模式众多，对我国边境的安全稳定有极大影响。如在凭祥市友谊镇、凭祥镇及上石镇的多个村屯，涉毒人员比例高达5%，甚至在部分边境村屯有部分党员干部参与吸毒活动，影响极其恶劣。

3. 制造与贩运问题的交织使得毒情向复杂化发展

随着广东警方的高压打击，制毒资本及技术人员呈现出"走出广东，分散周围"的趋势。2015年与2016年的中国毒品形势报告均提到，中国国内非法制造的冰毒晶体、氯胺酮及新精神活性物质既流入国内市场，也输出境外。广西的毒品问题也呈现出制毒行为与走私行为相互交织的态势，打击和治理难度逐渐升级。毒品从越南到广西，形成第一层面的贩运行为，同时广西区内的制毒犯罪又助推新的贩运行为产生，两个层面犯罪的叠加，给警方的禁毒工作带来了巨大挑战。

面对中越边境毒品走私渗透持续加剧的局面，广西不断筑牢边境村屯禁毒防线，常态化开展中越联合扫毒行动，切实将毒品堵在境外。2018年，广西全区在缴获来自边境三市八县毒品海洛因同比持平的情况下，区外缴获来自区内三市八县的毒品海洛因数量同比下降80%，说明经由边境进入区内的毒品海洛因总量大幅度减少。经过努力，广西边境全线三市八县，再没有一个县、市被国家禁毒办挂牌整治。

同时，广西与越南的国际禁毒合作也大大提升。2018年，与越南警方累计破获涉越毒品案件411起，抓获涉毒犯罪嫌疑人466人，缴获毒品202千克，抓获越南警方通缉涉毒逃犯2名，边境规模性、高频次的毒品走私入境活动得到有力遏制，特别是与越南警方联合侦破的"305"系列特大贩毒案，彻底摧毁了一个长期盘踞在中越边境地区的特大跨国贩毒网络，这标志着中越联合执法从过去的传递情报合作上升到情报共享、证据互换、联合侦控、共同指挥、同步收网的合作阶段，中越国际禁毒合作有了质的飞跃。

第三章

青少年涉毒原因

一、个人因素

（一）明辨是非能力欠缺，缺乏社会经验

青少年时期是一个人由儿童转变到成年人的成长过渡时期。处于青春期的青少年，生理发育迅速，而心理发育则相对迟缓，出现了身心成长不平衡的状况，加之社会经验少，社会阅历不足，对周围事物的判断分析能力较弱，明辨是非的能力欠缺，若被社会上的不良风气影响，很容易误入歧途。大多数涉毒青少年都是刚从学校步入社会，有的甚至还是在校学生。在学校时，封闭式或者半封闭式的管理，使他们对外界所发生的事情寡见少闻，对社会的诱惑与陷阱也是知之甚少，初入社会易受到不良影响。因此，明辨是非能力欠缺，社会经验少，是青少年涉毒的主要原因。

（二）对毒品认知了解不到位

一些青少年对毒品严重缺乏认识，对毒品的种类、特征、功能以及危害均知之甚少，对毒品的认识也仅限于图片上的海洛因、摇头丸等传统毒品，不知道娱乐场所中充斥的外观花花绿绿、以假乱真的"糖果""速溶咖啡""奶茶""巧克力"等伪装毒品。他们也不了解席卷而来的第三代毒品——新精神活性物质，对目前市场上出现的打着"合法快感""研究化学品""植物性食品"等旗号的物质不设防，殊不知这些物质也是毒品，其毒性、危害性并不亚于

传统毒品，甚至有过之而无不及。同时，很多青少年不了解毒品具有成瘾快、戒断难的特点，认为毒品随时可吸、可戒，并没有那么可怕。还有的青少年禁不住别人的引诱和教唆去吸食毒品，认为吸毒可以使人神清气爽、"飘飘欲仙"，甚至认为吸毒可以减肥。

此外，由于毒品预防教育并非在校青少年的主要学习科目，在校青少年也较少主动学习毒品预防知识。如今，毒品在社会上的出现方式形形色色，伪装过的毒品真假难辨，若对毒品认知不到位或更新毒品知识不及时，能够自主分辨毒品的能力低，意外染毒的可能性就会增大。这种认识上的"先天不足"，导致一部分青少年在面对形形色色"改头换面"的毒品时，根本做不到拒绝毒品，最终导致盲目接触、吸食毒品，这对个人身心、家庭乃至社会都会造成重大伤害。

（三）好奇心理影响

青少年好奇心强，在不能正确认识毒品的情况下，一旦接触毒品，难免会因为好奇心的激发而去尝试吸毒。如果他人诱导说"毒品吸一次不会上瘾"，或有吸毒史的人分享吸毒的感受，就很有可能激起青少年不正常的涉毒心理反应，导致青少年对毒品产生好奇心理，甚至必须亲身体验才能满足心里的强烈欲望。虽然好奇心是青少年求知上进的动力，让青少年会对任何未知事物都有强烈的探索欲望，但由于青少年心智尚未成熟，没有形成完善的人生观、价值观，缺乏必要的科学知识及辨别是非的能力，因此青少年会不考虑后果地盲目好奇探索，容易对毒品产生兴趣而涉毒。

另外，一些禁毒宣传材料过分夸大、渲染吸毒以后给人带来的刺激和快感，这也无疑加剧了一部分青少年对毒品的好奇感，让他们对尝试毒品有了更充足的理由。在一次全国性的关于毒品的问卷调查中，其中一项调查结果令人震惊。在调查中关于"如果有机会，你愿意尝试一下毒品吗"这一项，竟然有80%的青少年表示愿意去尝试。这种青少年特有的好奇心往往就是他们走上吸毒不归路的引擎。

（四）叛逆心理作祟

青春期是人类成长中最容易产生叛逆心理的阶段，处于青春期的青少年，也正在经历心理上的过渡期，其独立意识和自我意识日益增强，迫切地想摆脱父母等长辈的监护，所以在与长辈发生矛盾时，青少年在选择发泄方式时往往会极端与偏激，专门选择与长辈的教育目的相违背的方式，意图向长辈示威，以迫使长辈"服软"来证明自己。因此，在这种逆反心理的作祟下，青少年反而会选择去做家庭、学校、社会禁止他们做的事，比如吸毒，以此与长辈"抗衡"。

（五）心理社会能力欠缺

心理社会能力又称心理社会自然适应能力，指的是个体采取有效和积极的行为方式，高效地处理日常生活中的各种需要和挑战的能力，包括生活自理能力、自我认知能力、问题决策和解决能力、人际交往能力和情绪调节控制能力。对青少年来说，培养心理社会能力，就是能够不依赖教师和家长而对事情做出判断，面对问题能够判断出简单的"好"与"坏"，能够不受蛊惑，顺利解决问题。青少年在成长的过程中，如果因缺乏某方面的心理社会能力，遇到困境或挫折时不能正确对待或正确调整自己情绪，就很容易选择极端的方式处理问题，如走上吸毒之路。

二、家庭因素

（一）家庭欠缺毒品预防教育

家庭是孩子成长的重要场所，家庭教育是整个教育环节的关键。毒品知识的学习及预防，作为新颖而又具有专业性的教育，部分家庭往往无从下手或者被家庭忽视。在和被抓获的涉毒青少年交谈中发现，青少年毒品犯罪不单单是因青少年个人原因导致的犯罪，家庭教育失当也可能是导致青少年毒品犯罪的一个重要原因。

（二）父母外出务工

随着我国农业产业结构的调整，大批农村劳动者离开家乡，外出务工，在经济利益与子女教育之间的取舍出现偏差。一些父母把孩子交给文化水平不高、没有监护能力的爷爷奶奶而一走了之，忽略了父母对孩子应有的关心和教育。父母外出务工，与孩子接触时间少，在家庭教育中，对毒品的预防教育要么轻描淡写，要么闭口不谈，缺乏对孩子进行正确的毒品知识和预防教育。留守儿童由于与祖父母或者父母的其他亲戚、朋友一起生活，缺乏必要的关爱和管教，如果是平时手中又有一定数量生活费或零花钱的留守儿童，首当其冲地成为涉毒行为向在校生蔓延的主力军[①]。

（三）长期存在矛盾的家庭或离异家庭

长期存在矛盾与不和谐的家庭，会让孩子产生不良情绪，从而容易导致其性格孤僻，逐渐对家庭产生厌倦感。在这种家庭环境下成长的青少年，心中有不满情绪却不懂如何正确排解，就选择远离家庭，逃避与家长沟通，致使他们容易错误地选择用吸毒来宣泄自己内心的愤怒情绪，从而慢慢走上吸毒成瘾的道路。

离婚、家庭解体，父母双方重新组建新的家庭后，有些父母就对孩子漠不关心，放任自流，导致孩子在外无人管教，养成自卑或自负的性格，感觉自己已经被父母抛弃，精神颓废、内心空虚。为了填补心理上的空缺，这一类缺乏父母关爱的青少年便会开始寻求刺激，而毒品正是能让大脑产生刺激、幻觉，迅速获得快感的东西。因此，有些青少年会选择吸毒来填补精神和心灵上的空虚，让吸毒的快感冲散心中的烦恼。

---

① 张晓春，陈静.在校生涉毒问题调研报告[J].广西教育，2015（15）：29-31.

(四)优越感膨胀的家庭

传统观念认为,青少年行为失当与家庭是否完整、父母关系是否融洽有关,实际上在毒品犯罪案件中情况并非全部如此。司法实践中的很多案件可以证明,在一些父母感情良好、经济条件优越的家庭环境中成长起来的青少年,接触毒品的比例高于那些家庭不完整、父母感情不融洽家庭中的青少年。一些条件较好的家庭,父母往往忙于工作,无暇照顾、教育孩子,经济上的宽裕促使父母通过给孩子更多的零花钱来平衡对孩子产生的愧疚感。这种家庭里的孩子往往养成了高消费的习惯,会与同伴一起出入迪厅、酒吧等娱乐场所,比其他孩子更容易接触到毒品,也更容易成为毒品犯罪分子引诱吸毒的目标。

在这种家庭成长起来的孩子与经济条件较差家庭中成长起来的孩子有相似之处,前者为父母无精力、无时间管教,后者为父母无能力、无心情管教,都容易造成青少年家庭教育的缺失。这些因素致使许多青少年的心理不能健康发展,不良情绪又无处释放,容易患上抑郁症等心理疾病。而毒品能够使人产生幻觉与兴奋感,暂时忘掉现实中的烦恼,因此许多青少年为了逃避现实压力、寻找轻松感和存在感而接触毒品,从而走上涉毒违法犯罪的道路。

三、社会因素

(一)炫耀心理

一些青少年会受到消费主义、享乐主义价值观的影响,又对毒品的危害认识不足,他们会把吸毒当作一种流行文化或前卫文化,甚至认为吸毒是富有的象征,是一种高级享受和高级地位的表现,不吸毒就被认为跟不上潮流、身份地位不够高,甚至以吸毒来满足自我炫耀心理。受"吸毒是一种潮流""吸毒在学校不会受到欺负"等错误观念的影响,一些家庭经济条件好的青少年在这种畸形的"时髦"和"享乐"心理驱使下,花费大量金钱吸毒,以此作为向他人炫耀的资本，结果走上吸毒不归路，甚至因吸毒而断送自己的生命。某地警方曾在一娱乐场所的"总统套房"内一举抓获35名吸毒人员，起因是2名辍学的高中生过生日，请来多名同学聚会，以吸食K粉助兴，被警方抓获后经尿检，35人均呈毒品阳性。错误的价值观让青少年误以为"嗑药""嗨吧""溜冰""打K"是一种时尚、潮流，家长、社会再不及时加以正确引导，青少年很快被毒品拖向深渊。

（二）交友不慎

交友是人生中的一个重要内容，青少年正处于人格形成的重要阶段，结交什么样的朋友也会影响青少年的人格发展。如果青少年不慎结交到吸毒的朋友，很容易因朋友的驱使而吸毒，在涉毒朋友的诱骗或所谓的"兄弟情""不吸不给面子"的情况下尝试第一口毒品，从此打开通往罪恶深渊的大门。

（三）合群心态

大部分青少年都有"合群心态"，喜欢和兴趣相投的人聚在一起，青少年的合群倾向实质上就是一种归属需要，然而也正是这种归属需要，青少年在结识到不良的社会闲散人员时，不仅不能辨别好坏，反而还会被这些人的"义气"所吸引。青少年结识了吸毒团伙，有的是迫于吸毒团伙的压力，力求从心理和行为上与群体保持一致；有的是出于对群体中某一个或某些成员的崇拜，盲目地模仿他们的行为，包括吸毒行为。这种"合群心态"很有可能将青少年引入毒品的世界。

（四）社会不良风气的影响

互联网时代让人能得以和形形色色的人或物相连通，青少年接触互联网后，若在网上结交了社会不良人员，很容易在这些人的鼓动下接触毒品。更有一些涉毒违法犯罪人员利用网络平台，公然宣传毒品，甚至直播吸毒，沉迷网络的青少年一旦接触到这些不良网络信息，且不加筛选过滤，容易受到这些不良的网络风气影响而进行吸毒。另外，一些青少年喜欢光顾KTV、酒吧、迪厅等娱乐场所，这些场所鱼龙混杂，不乏道德品质败坏者与违法犯罪分子，有些娱乐场所的业主更是为了牟取私利而纵容违法犯罪活动，甚至与贩毒分子勾结，组织吸毒、贩毒活动，导致青少年在这些地方接触毒品的概率增加，并易受贩毒分子的诱骗而参与毒品犯罪活动。

四、禁毒宣传教育不到位

（一）学校缺乏专业的禁毒教育师资，对禁毒教育重视不够

学校是教书育人的场所，学校教育会对人的一生产生深远的影响。受到教育体制的局限，目前不仅是青少年缺乏对毒品的认识，而且很多学校的老师同样对毒品认识不足。学校为了完成教学指标，不断加强文化课的教学，很少有针对性地了解学生的思想状况及心理健康状况，开设一些学生思想教育、心理教育方面的课程。学校毒品预防教育缺乏专业师资力量，影响了毒品预防教育活动的针对性和持续性。绝大多数学校被动开展毒品预防教育活动，只有在上级的"三令五申"下，才敷衍开展、交差了事。学校的毒品预防教育活动没有形成持久的影响力，学生仍然是"听众""观众"，随着教育活动的结束，学生听到的、看到的也都被淡忘了。不少学校的禁毒宣传只是为了宣传而宣传，形式化严重，没有真正关注青少年的身心健康发展。有些青少年即使在学校接受过毒品宣传教育，但之后也会忘记所学的内容，从而导致一些青少年不知毒品危害而走上毒品犯罪的道路。

个别中小学的工作重心多放在提高升学率上，少数职业学校和大中专院校的教学重心在专业知识传授和提高就业率上，对毒品预防教育未给予真正重视，毒品预防教育流于形式，限于临时性、一般化、走过场式的教育，效果不佳。

（二）社会层面难以达到全覆盖，精准预防、精准宣传不足

一些辍学学生、外来务工人员子女及社会闲散青少年等长期流迹于娱乐

场所、旅店、网吧等人员流动性较大的场所，不易接受禁毒宣传教育，这类人群既是易染毒的重点人群，也是毒品预防教育的盲区和死角。社会层面的毒品预防教育不足，导致吸毒现象泛滥，这往往会间接地波及在校生。而在校生往往都是因为和社会上不良人员接触并效仿其行为而涉毒的。

（三）禁毒宣传内容和形式单一，未触及毒品预防的痛点

吸毒人员虽然在涉毒之前就知晓毒品的危害，但仍然因各种原因染上毒瘾，说明其所受到的禁毒预防教育还未触及宣传的痛点，也就是说，毒品预防教育的内容和形式并没有对人群产生足够的威慑作用。当前，对许多互联网上的内容缺乏有效监督，网络毒品信息传播防不胜防，传播途径也具有很大隐蔽性。认知能力尚弱的青少年一旦经常接触没经过审核或者审核不严格的内容，很容易因此而产生潜移默化的负面影响，其后果令人担忧。

第四章

青少年毒品预防教育的教学重点

青少年的毒品预防教育是一个系统工程。从涉毒行为的本质上来说,吸毒其实是一种不良的生活行为习惯。不良生活行为习惯并不是天生的,而是受后天的环境影响而形成。因此,青少年毒品预防教育不只是简单的毒品种类和毒品危害的介绍,还应该从心理疏导、行为干预等方面着手。

一、心理疏导

所谓的心理疏导是一种以人本主义心理学和认知心理学为基础理论,通过言语的沟通技巧进行梳理、泄压、引导,改变个体的自我认知,从而提高其行为能力和改善自我发展的心理疏泄和引导方法。

(一)未涉毒前的心理疏导

通过分析青少年涉毒的原因可知,很多青少年在涉毒之前或多或少是存在心理问题的,如果在涉毒之前得到适当的心理干预,他们是可以避免走上涉毒道路的。当前认为比较有效的心理疏导有以下做法:

一是把毒品预防教育和心理健康教育课程进行合理结合,做到有专业教师、有课表、有教材、有教案,采取集体辅导和个别沟通相结合的方式,以班为单位进行专题指导,并针对不同的学生群体进行分类指导。通过课堂教学、师生互动和专题心理健康讲座等形式,引导学生身心协同健康成长。

二是以班主任为主，科任教师为辅，开展日常心理疏导工作，做实过程。由专业教师提前对班主任、班辅导员、值周教师、任课教师进行培训，特别关注离异家庭子女、留守学生、残疾学生，给予他们特殊的关怀和教育，以情感帮扶疏导和励志教育为主进行心理疏导。以班干部、文明志愿者队伍为主体，发挥集体的作用，让班干部、文明志愿者将学生思想和心理动态及时反馈给教师，并带领全体学生一起关心爱护他们，使他们感受集体的温暖，融于集体之中。以班会为平台，以晨会、晚点教育为手段，把握班级思想和心理动态，通过平等的心灵沟通、对话、小组活动等方式引领学生形成积极健康的心态；了解跟踪个别学生的状态，开展个别学生的谈心疏导工作，促使每一位学生都能得到关注、获得自信。

（二）涉毒后的心理疏导

受全球毒情发展的影响，青少年在校生的涉毒情况不容乐观，有些在校生是单纯的吸毒，有些是以贩养吸。除触犯刑法、受刑罚处罚的在校生外，对于那些初次吸食毒品、没有成瘾的在校生的处置，目前并没有统一的做法，有些在校生依旧会回到学校继续上学，对于这部分学生，我们也需要进行心理疏导。（以下所说的涉毒在校生，只针对初次吸毒、没有成瘾、没有受到任何法律处罚、学校依旧接纳其回校学习的特殊群体。）

1. 涉毒后的心理疏导方式

（1）教育引导

吸毒者之所以走上吸毒之路，大多与初吸时对毒品的危害及成瘾性认识不足有关，学校除了不断加强毒品危害的教育，还要使涉毒学生深刻认识吸毒摧残身心、危害家庭和社会的道理，吸毒害人害己，使他们在思想上有充分的认识，明白毒瘾难戒，同时又要消除他们害怕戒不了毒瘾的悲观想法。

（2）以鼓励和激励为主

要使涉毒在校生树立戒除毒瘾的信心，就要善于运用表扬与肯定的方法，帮助他们建立自信。对他们在戒毒过程中的各种积极表现，哪怕是十分细微的进步，都要给予及时、恰当的肯定评价，并适时地提出新的要求。这里要特别指出的是，对待涉毒在校生不能等同于对待正常人群，吸毒人员的生理和心理异常脆弱，在批评其缺点和错误时，也要适当对他们给予积极的肯定，做到批评中有鼓励，引导他们走出误区，重新扬起生活的风帆。

（3）树立目标，发现长处

涉毒在校生普遍存在的自卑心理并非决定吸毒者一事无成。即便是吸毒者，也有自尊心，教师要善于发现自卑涉毒在校生的长处，帮助他们制定目标，制订切实可行的行为改善计划。教师给予的积极心理暗示是使涉毒在校生找回自信、克服自卑心理的有效手段。

（4）运用环境感染，疏导自卑心理

疏导涉毒在校生的自卑心理，必须创造一个良好的外部环境，营造一个有利于涉毒在校生克服自卑心理的氛围。首先，要明确对待涉毒在校生的吸毒行为，做到不歧视、不嘲笑、不疏远、不遗弃。其次，要帮助涉毒在校生设法脱离原来的环境，这对其克服自卑心理、戒除毒瘾意义重大。要创造条件，让涉毒在校生建立新的联系，结交新的、健康的朋友，使之客观上减少接触其他吸毒人员的机会，远离原来的交友圈。

（5）心理减压，摆脱自卑

涉毒在校生的自卑心理主要来自其心理上的压力，心理压力越大，自卑感也就越强。涉毒在校生往往会产生自己还能不能像正常人一样重新生活这样的怀疑，心中的疑惑得不到解答，涉毒在校生就无法从自卑的情绪中摆脱出来。因此，只有消除他们来自多方面的心理压力，才能使他们重新找回生活的自信。

2. 涉毒后心理疏导的注意事项

教师在对涉毒在校生进行心理疏导时，要充分考虑到他们特殊的心理状况，在进行疏导的过程中，要把握一定的度，要有所为而有所不为，不能因为个人主观因素而影响心理干预的效果。

（1）避免带着预设立场跟学生交流

带着预设立场与人交流是很多人的一个习惯。一些教师在跟一些"问题学生"交流时，容易先入为主，带着假设去跟学生交流，但是往往这种习惯会影响交流的效果。其实，错误的假设往往容易导致错误的行动，在交流中，教师更适合扮演倾听者的角色，可以先听听涉毒学生的心声，再去决定如何进行引导，而不是把心理疏导变成一本正经的说教。

（2）避免僵化或"贴标签"式地看待学生

很多时候，当知道对方是个使用过毒品的人时，大部分人第一反应是这样的人是"坏人""违反者"，把这种"标签"先入为主地"贴"到对方身上，在交流的过程中难免会带有个人情绪，使用挑剔的言辞。这样的交流方式极大可能会引起涉毒学生的反感，伤害学生，同样影响教师的判断。

公正客观是学生信赖教师的基础。在学生眼里，公正客观被视为理想教师最重要的品质之一。教师尽可能一视同仁地对待每一个学生，不厚此薄彼，才能取得每一名学生的信任和理解。有了坚实的师生基础，学生才会信任老师，乐意与老师友好相处。因此，在面对涉毒学生时，教师要客观和理智，不先入为主地给涉毒学生"贴标签"，这样才能实现有效沟通。

二、行为预防

（一）行为预防的内涵

行为预防是健康教育的核心，评价健康教育项目和工作的效果，主要是看其是否使人们的行为切实发生了改变。

根据行为的产生，可将人的行为分为本能行为和习得行为两种；根据行为的可改变性，可分为高可改变行为和低可改变行为两类；根据行为对健康的影响，又可把行为分为促进健康行为和危害健康行为。要想改变人的行为，必须找出人行为的产生、维持、消除的影响因素，针对这些因素采取干预措施。

（二）行为预防的必要性

人的行为之所以会产生、维持或消除是因为受到环境条件的影响，环境条件的反复出现促成了某种行为的产生、维持或消除。例如在一些家庭，家长有不良生活习惯的，如抽烟、喝酒，孩子学会抽烟、喝酒的概率就会大大提升。此外，人的行为会受到行为结果的影响，如果个体因为实施某种行为得到社会的鼓励或支持（包括对行为结果的自我心理满足和愉悦），这种行为就会维持，否则就会被逐渐消除。例如针对一些本身有不良行为的学生，我们除了告知不良行为带来的不良影响，还要支持鼓励其从事其他正确的行为活动，让其摆脱原有的不良行为。

（三）行为预防的措施

综合上述行为改变的影响因素，开展健康教育工作可以考虑以下行为预防措施：

一是以道德与法制课和国学课为主阵地，以其他课堂教学为辅助，开展法制教育、生理卫生和心理健康教育等，达到全方位教育效果，引导学生形成健康人格。培养学生养成良好的学习习惯和生活习惯，以充满正能量的大环境来影响学生，整体带动个体共同成长。培养学生正确的是非观念，使学生学会处理问题的正确方法，培养学生处理问题的正确态度。

二是以德育活动为载体，通过活动帮助学生释放情绪。例如举办歌咏比赛、体操比赛、拔河比赛、校园文化艺术节等活动，让学生缓解紧张的学习情绪，合理释放压力，形成阳光自信的心态。部分青少年涉毒就是因为没有养成科学的生活习惯而导致个体行为偏差，使之容易出没各种娱乐场所和网吧等易涉毒场所。

三、技能训练

对于在校生的防毒拒毒技能训练，要注重其心理技能的训练，也要注重现场拒毒技巧的训练。在训练的过程中，要遵循一定的原则，才能起到事半功倍的效果。

（一）生活技能训练

1. 生活技能的概念

生活技能是心理社会能力的重要组成部分，是指个体采取适当和积极的行为，有效地处理日常生活中各种需要和挑战的能力。通过生活技能教育和训练，青少年可以掌握生活技能，提高心理社会能力水平。

2. 生活技能的训练方式

鉴于我国青少年健康危险行为呈不断增长的趋势，国内也越来越重视加强青少年心理技能的训练，并探索出了一系列行之有效的训练方式，主要包括以下方面：

（1）认识自我，悦纳自我

认识自我可以从了解自己的先天条件、了解自己的三观和行为倾向、了解自己所处的环境以及了解自己的能力极限入手，全面分析自己是个什么样的人，以及能够成为什么样的人。悦纳自我就是要学会爱自己，接纳不完美的自己，然后明确自己的生活和学习目标，学会控制自己、改变自己、完善自己，并能根据实际情况对自己的人生做出合理规划。

（2）做更好的自己，设立目标，采取行动

时代大环境决定了当代学生的价值观，例如在问到有什么理想时，不少学生都会脱口而出要做"土豪"，再问却都不知道怎么做才能成为"土豪"，这恰恰体现了这类学生对人生并没有明确的目标和规划。向往富足的生活本身并没有错，但树立人生目标后要采取行动，用正当合法、切实习行的方法来过上富足的生活，这方面的引导就很重要。

（3）学会做正确的选择

学会选择、权衡利弊，一直以来都是心理健康教育的主要内容。遇到问题时，如果先在头脑中进行一个简单的利弊权衡，能够做出正确选择的可能性就大得多。有时一次选择，就能够改变一个人的人生。因此，教师要教会学生珍惜选择、学会做正确的选择。

（4）学会说"不"，拒绝不良诱惑，有效处理同伴压力

同伴压力（也称朋辈压力），是青少年无法拒绝不良诱惑的主要原因之一。在校生的涉毒行为往往都是因为抵挡不住同伴压力而跟风效仿所造成的，从而走上吸毒之路。因此，让他们意识到同伴压力的存在，并学会不被牵制于此更为重要。避损友、交益友，是规避同伴压力的重要方式之一。

3. 生活技能的训练原则

生活技能的训练目的是提高学生的处事能力和抗压能力，但毕竟是涉及个人心理的一种干预，有时候甚至会涉及个人隐私。因此，在进行生活技能训练的过程中，要遵循相关原则，才能取得良好的效果。

一是利于身心健康发展的原则。生活技能训练是对学生的心理施加影响的训练，它是直接转化进人的"内心世界"的特殊教育。任何心理训练方法的使用，首先必须有利于学生的身心健康发展。

二是坚持完全自觉自愿的原则。生活技能训练的主要任务是培养心理状态的自我调节能力，心理训练采用的主要手段要由学生自己掌握，因此被训练者能否自愿配合，是心理训练效果好坏的主要因素。

三是结合个体特点的原则。生活技能训练的主要目的在于改善心理状态，使其达到最佳水平，而改善心理状态必须以学生的个体身心特征为基础。

四是持之以恒的原则。生活技能训练要求从根本上改变人的心理状态和个性特征，这不是轻而易举的事情，受训者必须有耐心和信心，持之以恒，不断进行自觉的自我训练，才能逐步学会调节自己的心理状态。

（二）拒毒的实用技能训练

在网络时代，禁毒教育也要充分利用先进科技，比如对禁毒展览馆进行科技化、信息化升级，采用数字网络馆，利用声、光、电、3D、VR等科学技术重现毒贩引诱吸毒的场景，让学生反复进行模拟，现场练习拒绝诱惑的技巧，还可以利用微信、微博等社交网络平台加强宣传教育。手机在现代社会的普及率很高，比起电脑，人们可能更频繁地利用手机上网，因而要利用手机传播的便捷性进行禁毒宣传教育，适应新媒体时代的发展要求，多渠道开展拒毒实用技能训练。

四、毒品预防教育中的早期干预

在校生毒品预防教育的早期干预是一个系统工程，既要发挥学校主阵地的作用，又要充分利用好家庭和社区的资源。因此，对于在校生的毒品预防教育，学校在发挥主体教育作用的同时，也要注重加强与家庭和社会的联动作用。

（一）毒品预防教育中的学校干预

1. 毒品预防教育中学校干预的概念

所谓学校干预，指的是学校从毒品常识的传播和生活技能培训、拒毒技巧培训等方面引导学生认识毒品、提高认知、转变观念和态度，培养学生终生防毒拒毒的意识。

2. 毒品预防教育中学校干预的内容

根据相关法律法规和文件精神，学校要在学生当中开展一定课时的毒品预防教育课程的学习，不同的年级要有不同程度的教学内容，但是总的来说，教学内容都要包括以下几个方面：

（1）培养学生对毒品的恐惧感：通过让学生了解毒品的常见种类、毒品的特征和危害，让学生从心里产生对毒品的抵触。

（2）培养学生对吸毒行为的厌恶感：通过让学生了解吸毒人员吸毒后的

种种丑恶行为以及给他人带来的影响，让学生意识到吸毒行为是不能效仿的，从而让学生做到远离吸毒人员，远离毒品。

（3）培养学生的自我保护意识和能力：通过让学生了解在什么情况下可能会因为不良生活习惯染上毒瘾，引导他们养成良好的行为习惯；给学生介绍易导致吸毒的各种心理状态，让学生在面临困境时懂得合理化解情绪，在面对诱惑时懂得拒绝。

3. 毒品预防教育中学校干预的实现路径

（1）加强禁毒师资的培训，实现因材施教。

（2）注重各种科技教育手段在毒品预防教育过程中的使用。

（二）毒品预防教育中的家庭干预

1. 毒品预防教育中家庭干预的概念

家庭干预，是指利用家庭作为教育载体，在家庭生活的背景下利用家庭的各种功能，整合家庭内外教育资源，使家族成员潜移默化地获得毒品预防知识，提高家庭成员拒绝毒品的意识和能力，实现远离毒品和远离毒品危害的目标。

2. 毒品预防教育中家庭干预的内容

在每个青少年的成长过程中，毒品预防教育家庭干预的作用不可忽视。因为良好的家庭氛围有利于青少年养成良好的生活习惯，培养健康的心理素质，有利于预防药物滥用的情况发生。

（1）营造良好的家庭氛围，塑造青少年的健康人格

家庭是保障青少年健康成长的场所，良好的家庭教育是保障青少年的身心健康发展、适应社会变化、塑造健康人格的关键。家庭可为子女提供情感和经济上的保障，对其社会行为进行指导和适当的限制、监督，为其健康成长提供激励机制和基本的安全保障，从而避免青少年产生药物滥用等不良行为和心理健康问题。

（2）引导青少年选择正确的交友方式及生活习惯

与父母有良好关系的青少年较有可能选择对其有积极影响的同伴，这是父母有助于保护子女避免药物滥用的关键。积极的家庭关系可以帮助青少年不沉湎于如抽烟、喝酒、吸毒等不良行为，以及过早或无保护措施的性行为。

3. 毒品预防教育中家庭干预的支持措施

（1）通过亲职教育提升监护人对未成年人的保护意识和能力

家庭干预的效果取决于父母的教育观念和其抚养、教育子女的知识和技能。但是父母良好的教育观念和其抚养、教育子女的技能并不是天生的，而是需要经过后天的学习才能获得。这个后天的学习过程，在学术上称为"亲职教育"①。家庭作为保护未成年人和预防未成年人犯罪的责任体，具有重要的、特殊的作用，监护人是否认真履行其职责，其家庭教育水平的高低，直接影响家庭教育的效果，这关系到未成年人权益能否得到有效保护，也关系到为国家和社会培养什么样的人。

事实上，近年来留守儿童、流浪儿童、流动儿童、单亲家庭子女等人群是未成年人犯罪和儿童安全事故的高发群体，从根本上说都存在家庭监护缺失和不良的问题，而监护人难辞其咎。通过亲职教育强化监护人对未成年人保护的意识，敦促其认识并履行责任，了解不履行监护责任、监护不当的法律后果，对不利于未成年人的行为给予事前干预，使对未成年人的监护在国家制度的指导和约束之下，才有可能确保未成年人的最大权益。

（2）对失衡家庭给予社会支持

家庭教育是在家庭私域中的教育，但完善的家庭教育需要社会的支持。家庭是社会结构中最基本的组成部分，是具有多种社会功能的初级社会群体，能够满足人的生存发展等多方面的需求，也因此是社会发展必需的人力资源

---

① 朱刚伟. 亲职教育的意义及特点［EB/OL］.（2014-11-09）http://www.360doc.com/content/14/1109/21/3270623_423904952.shtml.

基础。一个个小家庭构成大社会，要达到个人、家庭与社会的整体协调发展，社会支持必不可少。

尤其需要指出的是，许多父母之所以在子女教育中陷入困境，总有其自身原因和社会原因。有些困境是个人原因造成的，比如自身道德水平和教育素质的缺陷；有些是社会原因造成的，比如国家对家庭问题重视度不足和教育大环境存在缺陷等。不管是个人原因还是社会原因，在很大程度上是父母依靠自身的力量难以改变的，尽管他们并非不想改变自己在家庭教育中的困境。因此，要改变一些父母的弱势状况，使其有能力正确履行对子女的抚养和教育责任，就需要国家和社会的力量给予帮助甚至救助。

（三）毒品预防教育中的社会干预

1. 毒品预防教育中社会干预的概念

所谓社会干预，是指在社区生活的环境下利用社区的各种社会功能，整合社区教育资源，使社区成员潜移默化地获得毒品预防知识，提高社区成员拒绝毒品的意识和拒绝毒品的能力，实现远离毒品和远离毒品危害的目标。

2. 毒品预防教育中社会干预的内容

（1）整合社会资源，有利于因材施教

青少年走上吸毒道路，绝不仅仅是因为学校的教育不到位，其中家庭教育和社会环境也可能存在问题。因此，学校开展毒品预防教育需要与家庭、社区共同联手，学校的社工，作为资源链接的中介社工，将家长与社区联系起来，这样能够整合社会多方资源，有利于因材施教式地干预青少年的吸毒犯罪行为。

（2）社会工作重视运用同伴教育的方式

同伴教育是指将具有相近年龄、知识背景、生活经历、社会地位及共同语言的人组织起来，一起分享信息、观念或行为技能，通过同伴教育来唤起身边同伴的心灵共鸣，实现教育目标的一种教育形式。相关资料表明，同伴教育是学生较易接受和喜欢的健康教育方式，而学校作为青少年集中学习的主要场所，是开展同伴教育的重要基地。

社会工作者在开展校园毒品预防教育时，可以充分利用同伴教育的优势，将毒品预防教育与同伴教育有机结合，在学生中间开展小组活动，利用小组活动培养良好的小组氛围，在小组内部使学生建立良好的信任关系，使组员在活动中相互理解、相互分享。参加小组活动的学生在小组内能够接受系统的毒品预防知识、观念和技能的教育，他们在掌握这部分知识、技能后，还能够协助社会工作者对其他同学进行教育，在日常生活中通过聊天、组织同学参加相关活动的形式来向其他同学普及毒品知识，交流心得体会。这种方式有利于有针对性地解决个体问题，也有利于及时发现潜在服务对象，更有利于形成共同禁毒的校园氛围。

3. 毒品预防教育中社会干预的实现路径

（1）问卷调查

社会工作者在活动开始之前就应对青少年进行问卷调查，了解青少年的兴趣爱好以及对毒品预防教育的需求情况。在掌握了这些基本信息后，社会工作者再根据这些内容设计具有针对性的活动方案，采用个案、小组、社区相结合的工作方法，结合丰富多彩的实践活动，满足不同性格、不同兴趣爱好的青少年的需求。

（2）个案服务

社会工作者对有越轨行为或者结交不良社会青年的学生采用个案服务，深入了解其现状，强化其对毒品的认识，整合资源共同规避其接触毒品的风险。对缺乏毒品知识但又对禁毒活动感兴趣的学生进行小组活动，使其在小组活动中积累毒品知识，发展其成为禁毒志愿者，实现个人成长。对于学校中某个年龄段的学生群体，可以通过游园知识竞答和登山答题通关的形式普及毒品知识，树立其禁毒意识，从而营造禁毒的社区氛围。社会工作者要学会灵活应用各种专业方法，最终达到因材施教的教育目的。

第三编

毒品预防教育教案样例和教学设计

第三编内容包括从小学五年级到高中二年级的教案样例和教学设计，这两种模板均是为需要承担毒品预防教育专题讲座任务的教师提供参考而编写的。教案样例和教学设计主要结合国家教育部发布的《中小学生毒品预防专题教育大纲》和广西教育出版社出版的"青少年毒品预防教育读本"系列丛书，为有效地开展教学活动，以课时为单位，对教学内容、教学步骤、教学方法等进行了具体设计和安排。其中，教案样例主要是为了方便授课教师合理地组织教材，教学设计则是为了方便教师采取更灵活的方式引导学生理解并掌握相关知识和技能。

第一章

小学阶段教案样例

一、第一课"什么是毒品"教案样例（五年级上）

（一）基本说明

教师根据实际情况填写教学时长、课时、授课班级、授课班级人数、教材等内容。

（二）教材分析

本节课是毒品预防专题教育课程的第一课，旨在让五年级学生认识毒品的名称、种类，并能识别常见的毒品，通过图片或毒品模型进行现场展示教学，为学生接下来学习毒品的危害做铺垫。

（三）设计理念

面向全体学生，尽量设计出让每一位学生都能参与的学习活动，着眼于学生毒品预防教育的阶段要求，关注学生的全面发展。

（四）教学目标、教学重点、教学难点

1. 教学目标

（1）完善学生对毒品概念的认识。

（2）使学生能够辨别常见毒品，远离毒品。

2. 教学重点

认识常见毒品。

3. 教学难点

识别伪装后的毒品，提高防范意识。

（五）教学策略

以课堂教学为主，教师可以采用讲授法、讨论法、探究法，创设情境，并借助多媒体教学手段，提高学生的学习兴趣，活跃课堂气氛，引导学生观察、识别毒品，树立毒品有害、远离毒品的健康意识。

（六）教学准备

准备相关图片、视频资料，制作多媒体课件。

（七）教学过程

1. 教学导入

建议利用视频导入或者问题导入，引导学生对毒品的概念和种类进行前期的思考。

如播放禁毒电子教材中的《小破孩》视频片段，导入问题：同学们听说过毒品吗？毒品有哪些？毒品都从哪里来？哪位同学能给大家介绍一下？

2. 教学内容

教师主要结合图片介绍常见毒品的种类，在介绍每一种毒品的过程中应注意观察学生的反应，可以重点介绍他们感兴趣的毒品种类和当今社会上更常见、更容易接触到的毒品种类，配合课件开展教学。

3. 教学步骤

教师让学生看幻灯片，结合幻灯片内容逐个讲解常见毒品的种类，再向学生提问：看了这些图片，同学们有什么感想？随后让学生发言。

在介绍完常见毒品后，建议教师先提问学生今后能否准确地识别毒品，如果大部分学生很自信地回答可以，那么教师接下来可以展示伪装后的毒品图片，看学生是否能辨认出真正的毒品，并提醒学生毒贩手段狡猾，意在教导学生提高防范意识。如果学生还不能自信地辨认出毒品，那么教师可以先让学生辨认学习过的毒品，提升辨别能力和自信心，再展示伪装后的毒品图片，教会他们识别伪装后的毒品，并强调一定要提防狡猾的毒贩，提高防范意识。

（八）教学小结

对本节课的教学内容进行梳理、总结。教师可以通过回放毒品图片或者以提问的方式将常见毒品的名称、种类进行梳理，并提醒学生一定要注意防范。

二、第二课"毒品有什么危害"教案样例（五年级下）

（一）基本说明

教师根据实际情况填写教学时长、课时、授课班级、授课班级人数、教材等内容。

（二）教材分析

本节课是毒品预防专题教育课程的第二课，旨在让五年级学生初步了解毒品对个人、家庭和社会的危害，教材中附有案例和图片，通过引导学生解读案例和图片，让学生对毒品给个人、家庭、社会带来的危害有清晰的认知，为接下来学习远离毒品、养成健康的生活习惯做铺垫。

（三）设计理念

着眼于学生毒品预防教育的阶段要求，关注学生的全面发展，设计出让每一位学生都能参与的学习活动。

（四）教学目标、教学重点、教学难点

1. 教学目标

（1）使学生初步了解毒品对个人、家庭和社会的危害。

（2）使学生能够深化毒品有害的意识，培养主动拒绝毒品的观念。

2. 教学重点

理解毒品对个人的危害。

3. 教学难点

理解毒品对家庭、社会的危害。

（五）教学策略

以课堂教学为主，教师可以采用讲授法、讨论法、探究法，创设情境，并借助多媒体教学手段进行授课。建议收集教学点附近发生的案例，通过问答或者小组讨论的形式开展教学活动，引导学生自主分析案例中吸毒给个人、家庭和社会带来的变化，让学生了解毒品的危害。注重学生在教学环节的参与度，提高学生的学习兴趣。

（六）教学准备

准备相关图片、视频等资料，结合案例制作多媒体课件。

（七）教学过程

1. 教学导入

建议用问题导入，引导学生对毒品的危害进行思考。如向学生提问：吸毒会带来哪些危害？

2. 教学内容

主要通过案例，以问答或分组讨论的形式让学生从案例中找出吸毒的危害。针对五年级学段学生对自我关注度高的特点，重点讲解毒品对个人的危害，进而引导他们对自身家庭和社会关系的异常行为进行排查。

3. 教学步骤

首先，在讲到吸毒危害身心健康的第一个方面——吸毒会改变我们的容貌时，建议教师以图片展示或互动问答的形式开展教学，让学生印象更深刻，更能亲身感受毒品在这方面的危害。例如，教师收集吸毒者吸毒前后容貌变化的对比图，或者下载能够模拟吸毒者人脸变化过程的软件，让学生直观感受吸毒会使人的容貌发生怎样的改变。

其次，举例说明吸毒对身体器官造成的伤害以及吸毒容易感染疾病，建议采取问答的形式与学生互动，如向学生提问：吸毒会对身体器官造成怎样的伤害呢？

接下来，针对吸毒对家庭危害的学习，建议通过一系列案例，采取问答或者小组讨论的形式，让学生分析吸毒会对家庭造成哪些危害，还可以通过提问引导学生对自己的家庭情况进行排查，如向学生提问：同学们有听说身边的亲戚朋友出现过类似的情况吗？如果学生回答有，可以就他们提供的素材进行分析。

然后，针对吸毒对社会危害的学习，建议通过教材中的案例，分析吸毒在社会层面上的危害，特别是社会安全方面的危害。

最后，可以开展一个"比一比、写一写"的小游戏，让学生把从电视、电影、新闻报道和文学作品中了解到的吸毒的危害列举出来，和同桌比一比，看谁写得又多又正确，随后教师进行适当点评，建议以表扬为主。

（八）教学小结

对本节课的教学内容进行梳理、总结。教师可以结合"思考与讨论"中的问题，让学生进行讨论，加深学生对毒品危害的认识。

如提问：有人说吸毒只会害自己，跟别人没关系。真的是这样吗？

总结：同学们，今天我们知道了毒品对个人、家庭和社会的危害。所以，我们要拒绝毒品，让自己远离毒品。

三、第三课"健康生活　远离毒品"教案样例（六年级上）

（一）基本说明

教师根据实际情况填写教学时长、课时、授课班级、授课班级人数、教材等内容。

（二）教材分析

本节课是毒品预防专题教育课程的第三课，旨在让六年级学生知道一些可能会导致吸毒的不良生活习惯。学生在认识毒品和了解毒品的危害后，由本课进入如何预防毒品、远离毒品以及培养良好行为习惯阶段的学习。

教材从习惯是可以养成和改变的观点出发，让学生分辨坏习惯，进而举例说明不良生活习惯容易让人染毒。随后，通过分析具有不良生活习惯的人群的特征，让学生自查，看看自己是否有不良的生活习惯，进而引导学生要健康生活，远离毒品。教材还提供了"思考与讨论""实战演练"等活动，旨在提高学生学习的参与度，加深印象，为接下来学习自我保护的知识做铺垫。

（三）设计理念

面向全体学生，尽量设计出让每一位学生都能参与的学习活动，着眼于学生毒品预防教育的阶段要求，关注学生的全面发展。

（四）教学目标、教学重点、教学难点

1. 教学目标

（1）使学生知道一些不良生活习惯可能会导致吸毒。

（2）使学生能够改正、远离不良生活习惯。

2. 教学重点

改正、远离容易染毒的不良生活习惯。

3. 教学难点

养成健康生活习惯的重要性。

（五）教学策略

经过五年级的学习，学生已经初步了解常见毒品的名称、种类和毒品的危害，本次课可以在回顾这两部分知识的基础上教授新的内容，主要采用讲授法、讨论法、探究法、创设情境，并借助多媒体教学手段，建议主要通过问答或者小组讨论的形式开展教学，让学生就不良生活习惯的影响进行思考，

进而通过参与活动和游戏，达到让学生远离不良生活习惯、远离毒品的目标。

（六）教学准备

准备相关图片资料、游戏、活动，制作多媒体课件。

（七）教学过程

建议首先通过辨别毒品的游戏对常见毒品的知识进行回顾，并提问毒品的危害，接着以问题导入新课，通过多媒体，结合案例了解不良生活习惯可能会导致吸毒，进而培养学生形成健康的生活习惯，提高防毒意识。

1. 课程回顾

（1）教师自行设计与教学内容相关的小游戏。

（2）向学生提问毒品的危害。

2. 教学导入

建议问题导入，引导学生思考习惯对生活和行为的影响。

如提问：同学们，请想一想，习惯对自己的生活有哪些影响？

3. 教学内容和教学步骤

在学习"习惯影响人的一生"内容时，通过举例，并以问答的形式让学生了解什么是习惯以及习惯是可以培养和改变的。

然后，建议通过问答互动的形式，提问学生什么是不良生活习惯，对他们认为的不良生活习惯进行分析，最后要引入与吸毒行为有关的不良生活习惯，如提问：你了解的不良生活习惯有哪些？为什么说它们是不良生活习惯呢？

针对学生的回答，分析不良生活习惯容易让人染毒的原因，结合上节课的内容，重点讲述吸烟、喝酒等不良习惯的影响。此处可以结合"思考与讨论"中的问题，让学生相互之间交流讨论关于吸烟、喝酒对人精神方面的影响。

讨论完毕，建议通过提问，让学生自主分析哪些人更容易染上不良生活习惯。随后，引导学生思考什么才是健康的生活习惯，与不良生活习惯形成对比，让学生发表对于健康生活的共同或不同的意见，提出养成良好的生活习惯是远离毒品的好方法，指导学生做到远离不良习惯，远离有不良习惯的人，以及学会沟通交流等。

最后，倡议学生参与"实战演练"活动，记录自己两周内的生活习惯和心理状态，以此监督促进自己养成良好的生活习惯。

（八）教学小结

对本节课的教学内容进行梳理、总结，提出好的生活习惯可以让我们远离毒品，总结出对学生来说实用、健康的生活习惯，如委婉拒绝陌生人递过来的香烟、食物、饮料；学会与家人或朋友沟通，通过沟通交流来解决问题等。

四、第四课"自我保护　百毒不侵"教案样例（六年级下）

（一）基本说明

教师根据实际情况填写教学时长、课时、授课班级、授课班级人数、教材等内容。

（二）教材分析

本节课是毒品预防专题教育课程的第四课，旨在让六年级学生懂得一些自我保护的方法和技巧，使其能够远离毒品。教材通过直面毒贩或"朋友"引诱吸毒的两种情景，提出对外拒绝诱惑、"百毒不侵"的八大招式，对内提高自我保护能力，做到内心强大，以此教导学生拒绝毒品的方法和提高防范意识。并通过活动，让学生对自己进行心理小测试，还让家长、朋友一起参加"小手拉大手"的游戏，宣传毒品预防知识，一起拒绝毒品。

（三）设计理念

面向全体学生，尽量设计出让每一位学生都能参与的学习活动，着眼于学生毒品预防教育的阶段要求，关注学生的全面发展。

（四）教学目标、教学重点、教学难点

1. 教学目标

（1）学会自我保护以及拒绝毒品、远离毒品的方法和技巧。

（2）让学生努力做内心强大的人，知道正确处理问题的方法。

2. 教学重点

懂得拒绝毒品的方法。

3. 教学难点

如何培养强大的内心，更好地保护自己。

（五）教学策略

主要采用讲授法、讨论法、探究法，创设情境，并借助多媒体教学手段，建议主要通过问答或创设情境的形式开展教学，让学生就直面毒品诱惑时应如何反应进行思考，并通过心理小测试，让学生了解自己，以达到树立自我保护、远离毒品意识的目标。

（六）教学准备

准备相关图片资料、活动，制作多媒体课件。

（七）教学过程

建议首先通过情境演练，观察学生面对这样的情境会如何反应，然后让学生讨论应对方式，并对此评价，引导学生要警惕类似的情况发生，以防被毒贩乘虚而入、引诱吸毒。随后讲述拒绝毒品的技巧，提倡学生努力去做内心强大的人，以达到自我保护、远离毒品的目的。

1. 教学导入

建议问题导入，让学生根据情境先思考自己的应对方法。

如提问：我们要养成健康的生活习惯，做好日常防护，但当我们直面毒贩或"朋友"的诱惑时，应该怎么做呢？

2. 教学步骤

首先，建议分组进行情境演练，观察学生的应对方法。

其次，讨论学生应对方法中的可取之处和应当警惕的部分，引入拒绝诱惑、"百毒不侵"八大招式的学习。

接着，进行案例分析，让学生讨论案例中小林染上毒瘾的原因，吸取小林的教训，知道在面对类似的情况时应如何正确应对。

学完毒品知识后，倡议学生和家人、朋友一起来做卡片游戏，并录制小视频，交给老师评比，目的是让学生带动身边的人一同防毒、拒毒。教师还可以让学生利用学到的知识向身边的人进行宣传，告诉大家吸毒的危害。

最后，让学生自己做一下心理小测试，测一测自己的性格类型，了解自己的性格弱点，以此提高警惕。

（八）教学小结

对本节课的教学内容进行梳理、总结。如：在今天的课程中，我们学习了拒绝毒品的方法，也通过心理小测试知道自己是不是容易被他人影响的人。让我们多结交积极乐观的朋友，掌握好自我保护的小技巧吧。因为，我们的目标是——远离毒品，百毒不侵！

第二章

小学阶段教学设计

一、第一课"什么是毒品"教学设计（五年级上）

（一）教学前规划

1. 课标规划

通过对五年级学生进行毒品预防专题教育，让学生知道常见毒品的名称、种类。应特别注意该年龄段学生的学习特性和学情分析。

2. 教材分析

本节课是毒品预防专题教育课程的第一课，旨在让五年级学生认识毒品的名称、种类，并能识别常见的毒品，通过图片或毒品模型进行现场展示教学，为学生接下来学习毒品的危害做铺垫。

3. 学情分析

（1）教学对象对于毒品及其类型认知状况的分析。

（2）教学对象的生源地（或原生家庭层次）分析。

（3）教学对象的学习能力分析，包括专注力、学习成就感、自信心、思维灵活度、独立性和反思力。

提示：学情分析决定教学方法，特别是学习能力的分析，决定了学生接受知识的能力。在开展毒品预防教育教学的过程中，注重引导学生提升学习能力，可以让教学对象受益终身。此外，小学阶段的学生对于教师在教授过程中的关注普遍比较敏感,这个阶段的学生在回答问题时会期待得到教师的认可或者表扬。

4. 教学目标设计

主要目标是知识的习得。本阶段的教学目标主要是让学生了解常见毒品的名称,使学生能够辨别身边的毒品、远离毒品。

5. 教学策略

以课堂教学为主,可以采用讲授法、讨论法、探究法,创设情境,并借助多媒体教学手段,提高学生的学习兴趣,活跃课堂气氛,引导学生观察、识别毒品,树立毒品有害、远离毒品的健康意识。

6. 教具准备

准备相关图片、视频资料,制作多媒体课件。

(二)教学过程把握

教学过程中,建议首先通过视频或者问题导入,然后通过多媒体课件,结合案例了解什么是毒品,认识常见毒品,并学会辨别伪装后的毒品,提高防毒意识。

1. 教学导入

建议使用视频导入或者问题导入,引导学生对毒品的概念和种类进行前期的思考。

如播放禁毒电子教材中的《小破孩》视频片段,根据片段引出问题。

2. 教学内容和教学过程组织

课上,教师主要结合图片介绍常见毒品的种类,在介绍每一种毒品的过程中应注意观察学生的反应,可以重点介绍学生感兴趣的毒品种类和当今社会中更常见、更容易接触到的毒品种类,配合教案和课件开展教学。

其中,在分析材料时,建议和学生提问互动,以进一步了解学生对毒品知识的掌握情况和防范毒品意识的培养情况。

在介绍完常见毒品后，建议先提问学生能否准确地识别毒品，如果大部分学生很自信地回答可以，那么教师接下来可以展示伪装后的毒品图片，看学生是否能辨认出真正的毒品，并提醒学生毒贩手段狡猾，意在教导学生要提高防范意识。如果学生还不能自信地辨认出毒品，那么教师可以先让学生辨认学习过的毒品，提升辨别能力和自信心，再展示伪装后的毒品图片，教会他们识别伪装后的毒品，并强调一定要提防狡猾的毒贩，提高防范意识。

3. 教学活动建议

活动案例一："什么是毒品"直观演示法教学设计

（1）教师活动：组织学生观看常见毒品的图片资料，配合讲授法、提问法，提高学生的学习兴趣和积极性。

（2）学生活动：根据教师的引导进行观察和思考。

（3）设计意图：主要以图片的形式进行展示，使学生更直观地了解常见毒品，树立对伪装毒品的警惕心。

活动案例二："你所知道的毒品"问题式教学设计

（1）教师活动：以讲述案例的方式，结合案例提出问题，引导学生进行讨论和思考，并进行总结。

（2）学生活动：根据老师的指引进行交流、讨论和思考。

（3）设计意图：以问题为中心的教学，让学生带着问题去寻找答案，激发学生的学习兴趣和学习动力。

4. 教学小结

对本节课的教学内容进行梳理、总结。教师可以通过回放毒品图片或以提问的方式将常见毒品的名称、种类进行梳理，并提醒学生一定要注意防范。

（三）教学反思

1. 评价本节课教学设计的实施情况

（1）学生对学习效果的评价，可以通过课后调查问卷或问答获得。

（2）教师对自身教学效果进行评价，写出教学设计实施的心得和体会，并结合实际进行总结。

2. 对教学设计的评价

评价教学设计的优缺点，并进行修改、补充和完善。

二、第二课"毒品有什么危害"教学设计（五年级下）

（一）教学前规划

1. 课标规划

通过对五年级学生进行毒品预防专题教育，让学生初步了解毒品对个人、家庭和社会的危害。应特别注意该年龄段学生的学习特性、学情分析以及上节课的学习效果。

2. 教材分析

本节课是毒品预防专题教育课程的第二课，旨在让五年级学生初步了解毒品对个人、家庭和社会的危害，教材中附有案例和图片，通过分析和解读这些真实的案例和图片，让学生感受毒品给个人、家庭、社会带来的危害，为接下来学习远离毒品、养成健康的生活习惯做铺垫。

3. 学情分析

（1）了解五年级学生对于毒品危害认识存在的不全面性。

（2）根据学生上节课对毒品的认知情况，进行进一步引导。

（3）根据五年级学生的学习特性设计活泼的授课形式。

4. 教学目标设计

（1）使学生初步了解毒品对个人、家庭和社会的危害。

（2）使学生能够深化毒品有害的意识，从而能做到拒绝毒品。

5. 教学策略

以课堂教学为主，主要采用讲授法、讨论法、探究法，创设情境，并借助多媒体教学手段进行授课。建议采用真实案例，通过问答或小组讨论的形式开展教学，引导学生自主分析案例中吸毒给个人、家庭和社会带来的变化，感受毒品带来的危害，保证学生在课上的高参与度，提高学生的学习兴趣。

6. 教具准备

准备相关图片、视频资料，结合案例制作多媒体课件。

（二）教学过程把握

教学过程中，建议问题导入，然后通过多媒体课件，结合案例让学生了解毒品对个人、家庭和社会带来的危害，提高防毒意识。

1. 教学导入

使用问题导入，引导学生对毒品的危害进行思考。如向学生提问：吸毒会带来哪些危害？

2. 教学内容和教学过程组织

主要通过案例，以问答或分组讨论的形式让学生从案例中找出吸毒的危害。针对五年级学段的学生对自我关注度高的特点，重点讲述毒品对个人的危害，进而引导他们对自身家庭和社会关系的异常行为进行排查。

首先，在讲到吸毒危害身心健康的第一个方面——吸毒会改变我们的容貌内容时，建议以图片展示或者互动问答的形式开展教学，让学生印象更深刻，更能感受毒品在这方面的危害。

其次，举例说明吸毒对身体器官的损害以及吸毒容易感染疾病，建议采用问答的形式与学生互动，如提问：吸毒会对身体器官造成怎样的伤害呢？

接下来，针对吸毒对家庭的危害进行学习，建议通过一系列案例，采用问答或小组讨论的形式，让学生分析吸毒会对家庭造成哪些危害，还可以通过提问引导学生对自己的家庭情况进行排查，如提问：同学们有听说身边的亲戚朋友出现过类似的情况吗？如果学生回答有，可以就他们提供的素材进行分析。

然后，针对吸毒对社会危害的学习，建议通过教材中的案例，分析吸毒在社会层面上的危害，特别是社会安全方面的危害。

最后，可以开展一个"比一比、写一写"的小游戏：让学生把从电视、电影、新闻报道和文学作品中了解到的吸毒的危害列举出来，和同桌比一比，看谁写得又多又正确，随后教师进行适当点评，建议以表扬为主。

3. 教学活动建议

活动案例一：体验式教学法的教学设计

（1）教师活动：收集吸毒人员吸毒前后容貌变化的对比图，或者下载模拟吸毒者人脸变化系统软件，让学生直观地体验假如吸毒，自己的容貌会发生怎样的改变。授课时配合讲授法、谈话法，提高学生的学习积极性。

（2）学生活动：根据教师的引导参与体验和思考。

（3）设计意图：让学生直观地体验毒品对人外貌的改变，感受毒品的危害。通过参与教学过程，学生能更好地融入课堂，进而讨论、了解毒品对身体的其他危害。

活动案例二："毒品对我们的家庭、社会产生什么危害"问题式教学设计

（1）教师活动：以分析案例、讲授的方式，提出问题，引发学生进行讨论和思考，并进行总结。

（2）学生活动：根据老师的启发进行交流、思考和讨论。

（3）设计意图：以问题为中心的教学，把教学内容化作问题，让学生带着问题去寻找答案，激发学生的学习动力。

4. 教学小结

对本节课的教学内容进行梳理、总结。教师可以结合"思考与讨论"中的问题，让学生进行讨论，加深学生对毒品危害的认识。

（三）教学反思

1. 评价本节课教学设计的实施情况

（1）学生对学习效果的评价，可以通过总结阶段的问答获得。

（2）教师对自身教学效果进行评价，写出教学设计实施的心得和体会，并结合实际进行总结。

2. 对教学设计的评价

评价教学设计的优缺点，并进行修改、补充和完善。

三、第三课"健康生活　远离毒品"教学设计（六年级上）

（一）教学前规划

1. 课标规划

通过对六年级学生进行毒品预防专题教育，让学生知道一些不良生活习惯可能会导致吸毒。应特别注意该年龄段学生的学习特性、学情分析以及前两次课的学习反馈。

2. 教材分析

本节课是毒品预防专题教育课程的第三课，旨在让六年级学生知道一些可能会导致吸毒的不良生活习惯。学生在认识毒品和了解毒品的危害后，由本课进入如何预防毒品、远离毒品以及培养良好行为习惯阶段的学习。

教材从习惯是可以养成和改变的观点出发，让学生分辨坏习惯，进而举例说明不良生活习惯容易让人染毒。随后，通过分析具有不良生活习惯的人群的特征，让学生自查，看看自己是否有不良的生活习惯，进而引导学生要健康生活，远离毒品。教材还提供了"思考与讨论""实战演练"等活动，旨在提高学生的参与度，加深印象，为接下来学习自我保护的知识做铺垫。

3. 学情分析

（1）教学对象的学习习惯、性格特征。

（2）教学对象的心理和认知发展规律。

（3）根据六年级学生对常见毒品和毒品危害的反应，按照需要设计回顾环节。

(4) 教学对象的学习能力特性，增加学生对教学环节的参与度。

4. 教学目标设计

(1) 使学生知道一些不良生活习惯可能会导致吸毒。

(2) 使学生能够改正、远离不良生活习惯。

5. 教学策略

经过五年级的学习，学生已经初步了解常见毒品名称、种类和毒品的危害，本次课可以在回顾这两部分知识的基础上教授新的内容。授课可采用讲授法、讨论法、探究法，创设情境，并借助多媒体教学手段，建议主要通过问答或者小组讨论的形式开展教学，让学生就不良生活习惯的影响进行思考，进而通过参与活动和游戏，培养学生远离不良生活习惯、远离毒品的意识。

6. 教具准备

准备相关图片资料、游戏、活动，制作多媒体课件。

（二）教学过程把握

教学过程中，建议首先通过辨别毒品的游戏对常见毒品的知识进行回顾，并提问毒品的危害，接着以问题导入新课，然后通过多媒体，结合案例了解不良生活习惯可能会导致吸毒，进而培养学生形成健康的生活习惯，提高防毒意识。

1. 课程回顾

(1) 教师自行设计与教学内容相关的小游戏。

(2) 向学生提问毒品的危害。

2. 教学导入

建议问题导入，引导学生思考习惯对生活和行为的影响。

如提问：同学们，请想一想，习惯对自己的生活有哪些影响？

3. 教学内容和教学过程组织

在学习"习惯影响人的一生"内容时，通过举例，并以问答的形式让学生了解什么是习惯以及习惯是可以培养和改变的。

然后，建议通过问答互动的形式，提问学生什么是不良生活习惯，对他们认为的不良生活习惯进行分析，最后要引入与吸毒行为有关的不良生活习惯。

如提问：你了解的不良生活习惯有哪些？为什么说它们是不良生活习惯呢？

针对学生的回答，分析不良生活习惯容易让人染毒的原因，结合上节课的内容，重点讲述吸烟、喝酒等不良习惯的影响。此处可以结合"思考与讨论"中的问题，让学生相互之间交流讨论关于吸烟、喝酒对人精神方面的影响。

讨论完毕，建议通过提问，让学生自主分析哪些人更容易染上不良生活习惯。随后，引导学生思考什么才是健康的生活习惯，与不良生活习惯形成对比，让学生发表对于健康生活的共同或不同的意见，提出养成良好的生活习惯是远离毒品的好方法，指导学生做到远离不良习惯，远离有不良习惯的人，以及学会沟通交流等。

最后，倡议学生参与"实战演练"活动，记录自己两周内的生活习惯和心理状态，以此监督促进自己养成良好的生活习惯。

4. 教学活动建议

活动案例一："什么是好的生活习惯和不良生活习惯"问题式教学设计

（1）教师活动：以谈话、讲授的方式，提出问题，引发学生进行讨论和思考，并进行总结。

（2）学生活动：根据教师的引导参与讨论和思考。

（3）设计意图：以问题为中心的教学，把教学内容化作问题，让学生带着问题去寻找答案，激发学生的学习动力，特别要引导学生对自身和别人身上的不良生活习惯做甄别，告诉学生相关危害，以达到远离不良生活习惯的目的。

活动案例二:"吸烟的危害"小组讨论式教学设计

(1)教师活动:提出讨论主题,启发学生按小组进行讨论和思考,并进行总结发言。

(2)学生活动:根据老师的启发分小组进行交流、讨论和思考。

(3)设计意图:以探究的形式,引导学生对主题进行思考研究,形成自己的看法。通过小组讨论,学生能更深刻地掌握知识。

5. 教学小结

对本节课的教学内容进行梳理、总结。提出好的生活习惯可以让我们远离毒品,总结出对学生来说实用、健康的生活习惯,如委婉拒绝陌生人递过来的香烟、食物、饮料;学会与家人或朋友沟通,通过沟通交流来解决问题等。

(三)教学反思

1. 评价本节课教学设计的实施情况

(1)学生对学习效果的评价,可以通过学生的课堂反应获得。

(2)教师对自身教学效果进行评价,写出教学设计实施的心得和体会,并结合实际进行总结。

2. 对教学设计的评价

评价教学设计的优缺点,并进行修改、补充和完善。

四、第四课"自我保护 百毒不侵"教学设计(六年级下)

(一)教学前规划

1. 课标规划

通过对六年级学生进行毒品预防专题教育,让学生懂得一些自我保护的方法和技巧,使其能够远离毒品。应特别注意该年龄段学生的学习特性、学情分析以及前三次课的学习反馈。

2. 教材分析

本节课是毒品预防专题教育课程的第四课，旨在让六年级学生懂得一些自我保护的方法和技巧，使其能够远离毒品。教材通过直面毒贩或"朋友"引诱吸毒的两种情景，提出对外拒绝诱惑、"百毒不侵"的八大招式，对内提高自我保护能力，做到内心强大，以此教导学生拒绝毒品的方法和提高防范意识。并通过活动，让学生对自己进行心理小测试，还可以让家长、朋友一起参加"小手拉大手"的游戏，宣传毒品预防知识，一起拒绝毒品。

3. 学情分析

（1）六年级学生的学习习惯、性格特征。

（2）六年级学生的交友环境及特征。

（3）根据六年级学生的学习特性设计活泼的授课形式，增加学生的课堂参与度。

4. 教学目标设计

（1）学会自我保护以及拒绝毒品、远离毒品的方法和技巧。

（2）让学生努力做内心强大的人，知道正确处理问题的方法。

5. 教学策略

主要采用讲授法、讨论法、探究法，创设情境，并借助多媒体教学手段，建议主要通过问答或创设情境的形式开展教学，让学生就直面毒品诱惑时应如何反应进行思考，并通过心理小测试，让学生了解自己，以达到树立自我保护、远离毒品意识的目标。

6. 教具准备

准备相关图片资料、活动，制作多媒体课件。

（二）教学过程把握

教学过程中，建议首先通过情境演练，观察学生面对这样的情境会如何反应，然后让学生讨论应对方法，并对此评价，引导学生要警惕类似的情况发生，以防被毒贩乘虚而入、引诱吸毒。随后讲述拒绝毒品的技巧，提倡学生建立强大的内心，以达到自我保护、远离毒品的目的。

1. 教学导入

建议问题导入，让学生根据情境先思考自己的应对方法。

如提问：我们要养成健康的生活习惯，做好日常防护，但当我们直面毒贩或"朋友"的诱惑时，应该怎么做呢？

2. 教学内容和教学过程组织

首先，建议分组进行情境演练，观察学生的应对方法。

其次，讨论学生应对方法中的可取之处和应当警惕的部分，引入拒绝诱惑、"百毒不侵"八大招式的学习。

接着，进行案例分析，让学生讨论案例中小林染上毒瘾的原因，吸取小林的教训，知道在面对类似的情况时应如何正确应对。

学完毒品的知识后，倡议学生和家人、朋友一起来做卡片游戏，并录制小视频，交给老师评比，目的是让学生带动身边的人一同防毒、拒毒。教师还可以让学生利用学到的知识向身边的人进行宣传，告诉大家吸毒的危害。

最后，让学生自己做一下心理小测试，测一测自己的性格类型，了解自己的性格弱点，以此提高警惕。

3. 教学活动建议

活动案例一："面对毒品时"的演示法教学设计

（1）教师活动：组织学生分小组进行情境演练，将可能遇到引诱吸毒的场景搬到课堂，引导学生思考应对方法。

（2）学生活动：根据教师的引导参与思考和演练。

（3）设计意图：通过直观演示，使学生了解毒品可能随时出现在身边，应时刻提高警惕。同时，要分析学生讨论出来的应对方法，进而引入下一环节的学习。

活动案例二:"小林的故事"讨论式教学设计

(1) 教师活动:通过谈话、讲述的方式,讲出案例故事,引导学生进行讨论和思考,并总结。

(2) 学生活动:根据老师的引导进行思考和讨论。

(3) 设计意图:以讨论的形式,引导学生对案例进行分析思考,总结出自我保护的方法。

4. 教学小结

对本节课的教学内容进行梳理、总结。如:在今天的课程中,我们学习了拒绝毒品的方法,也通过心理小测试知道自己是不是容易被他人影响的人。让我们多结交积极乐观的朋友,掌握好自我保护的小技巧吧。因为,我们的目标是——远离毒品,百毒不侵!

(三)教学反思

1. 评价本节课教学设计的实施情况

(1) 学生对学习效果的评价,可以通过学生的课堂反应获得。

(2) 教师对自身教学效果进行评价,写出教学设计实施的心得和体会,并结合实际进行总结。

2. 对教学设计的评价

评价教学设计的优缺点,并进行修改、补充和完善。

五、小学阶段活动设计

(一)"逃毒"游戏

1. 最佳活动人数: 4~6人。

2. 活动时长: 约100秒一局。

3. 活动场地: 30平方米左右的平地。

4. **活动道具**：无。

5. **活动方法**：活动参与者通过"石头、剪刀、布"游戏选出一位为"大毒王"，其余的参与者为"正常人"，"大毒王"触碰到"正常人"的身体或衣服时，"正常人"即变为"感染者"，"感染者"触碰到"正常人"，"正常人"也会变为"感染者"。"大毒王"和"感染者"无论是静止还是活动都必须要抬起一只脚。如果"大毒王"和"感染者"双脚同时着地就算淘汰。

活动开始前划出指定区域，"大毒王"在区域中间，其余参与者在区域内各自找好位置，游戏开始由老师倒计时100秒，如果"正常人"在这100秒内没有被"大毒王"或"感染者"触摸感染到，就算胜利；如果"正常人"都被"感染"，就算失败。

（二）"防毒先锋"游戏

1. **最佳活动人数**：10人。

2. **活动时长**：5分钟一局。

3. **活动场地**：教室。

4. **活动道具**：5个乒乓球拍，5个箩筐，写有毒品名称的乒乓球20个。

5. **活动方法**：箩筐视为"家园"，选出5个人为"防毒先锋"。"防毒先锋"站在箩筐前，其余5个人充当"坏蛋"，拿若干个乒乓球在离箩筐5米处准备。待教师喊开始时，"坏蛋"开始往箩筐里扔乒乓球，而"防毒先锋"则要用乒乓球拍进行拦截，防止乒乓球掉进箩筐。如果有至少5个乒乓球掉进箩筐，则"家园"遭到破坏，"防毒先锋"失败；如果少于5个乒乓球掉进箩筐，则保卫"家园"成功，"防毒先锋"胜利。如果时间允许，"防毒先锋"与"坏蛋"可角色互换，再来一局。

游戏结束后，学生可以分别探讨担当"防毒先锋"和"坏蛋"的感受。

第三章

初中阶段教案样例

一、第一课"进化的毒品"教案样例（七年级上）

（一）基本说明

教师根据实际情况填写教学时长、课时、授课班级、授课班级人数、教材等内容。

（二）教材分析

根据《初中生毒品预防教育读本》编排内容，建议将读本的前三课合并为一个课时讲授。本节课是初中阶段毒品预防专题教育课程的第一课，是初中阶段专题教育中的基础部分。本课目的在于让学生相对系统地学习毒品的基本知识，培养学生辨别毒品的能力，初步了解毒品的滥用情况及危害，明白毒品为何有"毒"，为后续课程的学习打下扎实基础。

（三）设计理念

初中生处在人生的重要阶段，他们的观察能力和辨别是非能力相对小学时期都有了一定的提高。鉴于初中生好奇心强、接受新事物快的特点，建议本节课采用讲授法，通过呈现图片、视频，结合典型案例进行授课，以学生为中心，以期让学生更为直观地掌握毒品的基本知识。

（四）教学目标、教学重点、教学难点

1. 教学目标

通过学习，使学生能初步识别常见的毒品，掌握各类毒品的基本知识，了解滥用毒品所带来的后果。

2. 教学重点

毒品的"进化"过程；毒品滥用的不同方式。

3. 教学难点

毒品的"进化"过程。

（五）教学策略

采用讲授法、探究法，借助图片、视频等教学手段，通过创设情境，老师讲解教学，以课堂活动的方式，充分调动学生学习的积极性，借助对材料的分析，培养学生的认知能力、理解能力以及归纳能力。

（六）教学准备

图片资料、视频资料、典型案例、多媒体课件等。

（七）教学过程

1. 新课导入

建议通过展示图片或视频等方式导入新课，从而引出毒品的概念，激发学生接纳新知识的兴趣。

如先展示学生相对熟悉的罂粟植株图片，再由此引出海洛因、氯胺酮等合成毒品的图片。导入问题：为什么有的毒品需要通过植物加工而成，有的可以直接用化学原料合成？以课堂小调查的活动方式，比一比谁知道的毒品知识多，进一步激发学生参与课堂学习的热情。

2. 师生互动

通过课堂小调查或提问的方式，掌握学生对毒品知识的了解情况；结合

案例进行讨论，探究毒品"进化"的特点，以此调动学生参与后续专题学习的积极性。

3. 新课讲解

（1）认识毒品：学习毒品的定义，认识毒品名称、种类，特别是毒品的"进化"过程等基本知识，可选择播放《4分钟看懂毒品》禁毒微视频，增强学生学习和认识毒品的直观性。结合读本，展示课件，分别介绍毒品的不同类别、名称，常见毒品及滥用情况，强调毒品加工周期越来越短、制造越来越简单的特性。

（2）警惕伪装的毒品。

（3）学习毒品的有害性，提示无论什么毒品对人体都有危害，但具体危害的内容和程度以及可能造成的危害后果将在下一课"毒品有多毒"中学习。

（八）教学小结

对本节课的教学内容进行梳理、总结，着重介绍毒品的基本知识，结合不同毒品的滥用情况，强调毒品的危害性。以认识毒品为出发点，结合毒品的基本特性，提升学生辨别毒品的能力，提高预防毒品的能力。

课堂思政：提高对毒品的辨别能力，是中学生提高健康素养的任务之一。只有加强预防毒品的能力，学生才能健康成长。

（九）课后作业

要求学生课后搜集与毒品危害相关的资料，通过搜集资料，加深学生对毒品基本知识的了解。

二、第二课"毒品有多毒"教案样例（七年级下）

（一）基本说明

教师根据实际情况填写教学时长、课时、授课班级、授课班级人数、教材等内容。

（二）教材分析

本节课是初中阶段毒品预防专题教育课程的第二课，主要内容是通过分析吸毒对个人、家庭及社会三个方面的具体危害，让学生了解毒品的具体危害，提高学生对毒品的警惕性。

（三）设计理念

本节课着重让学生从多方面了解毒品所带来的危害及吸毒的后果。根据初中生的认知能力和思维方式，在教学过程中，尽可能地结合生活实际，从多个角度进行授课，拓宽学生的思维，把抽象事物转化为实际，启发学生思考，从而加深学生对教学内容的理解。

（四）教学目标、教学重点、教学难点

1. 教学目标

通过学习，让学生充分认识和理解毒品对吸毒人员本身、家庭和社会所带来的危害，从根本上揭示毒品所产生的危害程度和范围，加深学生对毒品危害的认知。

2. 教学重点

吸毒对个人、家庭、社会的危害。

3. 教学难点

吸毒对家庭的危害。

（五）教学策略

采用讲授法、探究法，利用图片、视频等教学手段，通过创设情境，借助材料分析，结合生活实际，启发学生对抽象事物的理解，培养学生的责任意识。

（六）教学准备

图片资料、视频资料、典型案例、多媒体课件等。

（七）教学过程

1. 新课导入

建议以生活中常见的易成瘾物质对人体产生的危害及其危害的程度为问题进行导入，联系本节课的教学内容，引发学生思考，引导学生学习和了解毒品的危害。也可以从学生已经熟悉的不良生活习惯的危害进行导入，比如吸烟的危害，通过图片、视频等方式，将吸烟对人体肺部造成的伤害进行展示，通过对比、提问并引导学生参与讨论，进而引入吸毒对个人所造成的危害等内容。还可以以课堂小调查的活动方式，了解学生身边有没有抽烟、酗酒成瘾的人，讨论这些成瘾性会对个人带来哪些影响，这些影响与毒品对人的危害相比有什么异同，进一步激发学生参与课堂学习的热情。

2. 师生互动

通过视频演示，结合课堂访谈的方式，提出问题，掌握学生对毒品危害的了解情况；结合案例进行讨论，探究毒品滥用的情形，调动学生参与课堂讨论的积极性。

3. **新课讲解**

（1）吸毒对个人的危害：通过图片、视频、案例，了解毒品对个人身体、精神方面的损害。

参考材料：通过 PPT 课件展示一组吸毒人员的照片。

参考案例：一名吸毒人员描述自己毒瘾发作时的状态："毒瘾发作的时候，浑身上下冷飕飕的，接着是奇痒难忍，然后就是疼痛，那种疼痛是常人难以想象的，像蚂蚁在啃噬你的骨头，骨头像被劈开一样，骨头茬子从里向外一点点穿透肌肉和皮肤，牙齿也像裂开了一样，脑袋像爆炸般的痛，五脏六腑也像被什么东西撕扯着。所以一个染上了毒瘾的人，为了避免那样的疼痛发生，为了能吸毒，就没有什么不敢做的了，什么伦理、道德、法律，统统会忘得一干二净。"

（2）吸毒对家庭的危害：可选择播放《我的爸爸》等禁毒微视频，通过观看视频，组织学生讨论并引出吸毒会导致家破人亡的共识；也可以通过课件展示，结合教材及典型案例，从不同角度分析吸毒对家庭的危害。

（3）吸毒对社会的危害：选择与教学对象年龄相近的吸毒者因吸毒产生危害的事例，可以获得更好的教学效果。

参考案例：周某，16岁，辍学在家，由于无所事事，他很快结交了一些社会上的不良青年，他第一次吸毒完全是因为看见自己的朋友吸，自己觉得好玩也跟着吸的，谁知从此便上了瘾。为了得到吸毒资金，他先是从父母那里骗钱。后来毒瘾越来越大，骗来的钱也不够用了，他就把家里值钱的东西拿出去卖，还经常偷东西。某年，周某在一所职业中学附近抢劫一名学生，还持刀杀人，被警方当场抓获。

教师可以通过展示以上案例，引导学生思考吸毒会造成哪些危害，以及危害可以分为哪几个方面，帮助学生从个人危害、家庭危害和社会危害三方面进行分析总结，深刻认识吸毒带来的巨大危害。

4. 教师知识梳理

（1）吸毒危害个人身心健康：损害脏器，造成脑部不可逆损伤，产生幻觉，甚至出现迫害妄想、精神分裂等症状；免疫功能下降，容易感染各种疾病。

（2）吸毒危害家庭：使家庭陷入贫困，导致家破人亡，还会贻害后代。

（3）吸毒危害社会：破坏社会生产力，浪费社会财富，危害社会治安。

（八）教学小结

对本节课的教学内容进行总结，采取不同的教学方法，以点带面，从不同的层面让学生深入了解毒品的成瘾性，突出毒品的危害性，让学生充分意识到吸毒不但危害个人健康，还会破坏家庭、危害社会。

课堂思政：学习并掌握毒品所造成的各方面危害，在学生的心中播下抵制毒品的种子，培养学生远离毒品、珍惜生命、爱护家庭、关爱社会的责任感。

（九）课后作业

课后布置学生观看禁毒教育纪录片《毒之殇》，并写一篇不少于300字的观后感。

三、第三课"谁在左右我"教案样例（八年级上）

（一）基本说明

教师根据实际情况填写教学时长、课时、授课班级、授课班级人数、教材等内容。

（二）教材分析

本课主要针对初中阶段的学生在青春期中遇到的生理和心理的问题进行分析，旨在引导学生不要被"标签"所左右，更不要因为青春期的情绪问题发生越轨行为而沾染毒品。

（三）设计理念

从学生所处的特殊生理、心理阶段出发，结合学生自身实际，帮助他们了解、理解、接纳青春期的自己和同学。教学过程中注重营造良好的互动情境，引导学生从被动学习到主动探索，从了解自己、接纳自己开始，培养关爱他人的良好品格，正确认识和看待"贴标签"现象，主动远离吸毒等越轨行为。

（四）教学目标、教学重点、教学难点

1. 教学目标

通过学习，使学生对青春期有充分的了解，能正确看待和处理青春期可能发生的各种问题；避免给别人"贴标签"，妥善处理被"贴标签"的行为，拒绝发生吸毒等越轨行为。

2. 教学重点

青春期,"标签"和越轨行为,如何不被"标签"左右。

3. 教学难点

如何不被"标签"左右。

(五)教学策略

采用讲授法、探究法,利用图片、视频等教学手段,通过创设情境,借助材料分析,结合学生实际,引导学生培养积极向上的乐观精神和与人为善的人生态度。培养学生发现问题、分析问题和解决问题的能力,指导学生正确认识青春期,养成良好的生活习惯,抵制不良行为,培养拒绝毒品诱惑的能力。

(六)教学准备

图片资料、视频资料、典型案例、多媒体课件等。

(七)教学过程

1. 新课导入

建议通过展示人从婴儿到青少年各个阶段的照片,请学生谈谈照片中不同阶段的人有哪些不同,引出关于青春期身体和心理变化的话题。

如:同学们想一想,进入初中以来,我们的身体都有哪些变化?我们的心理状态和以往各个阶段又有什么不一样呢?

2. 师生互动

组织学生分组讨论,找出青春期存在的问题,引导学生发言,并根据学生的发言按照生理和心理两个方面进行分析。教师要注意控制好课堂气氛,要求学生端正态度,认真思考发言,适时引出青春期的概念。

3. 新课讲解

(1)开展"真心话大冒险"游戏。

全班分成若干个小组进行"真心话大冒险"游戏，以"我最无法拒绝的诱惑"为主题开展游戏，引发学生思考。通过选取青春期较为明显的自我约束能力不足这一问题，进一步分析青春期存在的各种问题，引导学生进行自我认知，学会发现自我，从而引发学生思考。

（2）"标签"和越轨行为案例分析。

参考案例：小童原来是一个学习很好的孩子，老师对他的期望也很高，但是上了初中以后，小童却像变了一个人似的，不仅厌学，还学会抽烟、打架，父母多次劝阻都不听。通过和小童的耐心沟通，老师了解了前因后果。原来，小童第一次逃课是因为觉得课堂上的东西比较简单，老师又总是重复讲解，他觉得老师有些啰唆，就逃课出去玩了。老师发现后就找他谈话，他还有点不服气。于是老师在班上告诉同学们："小童开始变坏了，大家都不要和他讲话，也不要和他玩了。"而父母一听说小童逃课，回家就对小童一顿责骂，根本不听孩子解释。问题越来越严重，之后小童就成了一个"坏孩子"。

教师提问：①分析小童变"坏"的原因和变"坏"之后可能发生的越轨行为；②如果小童是你的同学，你将如何帮助小童呢？

通过活动，收集学生的建议，培养大家关心关爱同学的良好品德。

（八）教学小结

对本节课的主要内容进行梳理、分析和总结。本课采用不同的教学方法，帮助学生正确面对青春期，正确认识自己和关爱他人，避免因被"贴标签"和发生越轨行为而沾染毒品。

课程思政：认识自己，接纳自己，关爱他人，养成良好的道德品格，培养积极向上的健康生活态度，做一名合格的社会主义接班人。

（九）课后作业

课后阅读张仲明主编的青少年心理成长护航丛书《青春期的烦恼（男生版）》和《青春期的烦恼（女生版）》，观看禁毒教育专题片《致青春（12—

14岁）》。

四、第四课"行为的边界"教案样例（八年级下）

（一）基本说明

教师根据实际情况填写教学时长、课时、授课班级、授课班级人数、教材等内容。

（二）教材分析

本课主要围绕与毒品有关的法律法规展开教学。通过相关法律知识的学习，界定与吸毒相关的违法犯罪行为，明晰因吸毒违反法律规定将受到何种法律制裁。

（三）设计理念

本节课主要介绍与毒品有关的法律知识，以法律规定的具体内容为标准，界定守法与违法的行为，明确涉毒违法行为所带来的严重法律后果及惩罚。考虑到初中生法律知识储备与法律素养不足，建议在教学过程中先搭好知识框架，再寻找和填充教学素材，以正面教育和积极疏导相统一的原则进行授课，凸显法治教育的重大意义。

（四）教学目标、教学重点、教学难点

1. 教学目标

通过学习有关毒品犯罪的法律法规，帮助学生界定与吸毒相关的违法行为，了解违反法律的各种惩罚措施，同时，面对不法侵害时，学会借助法律武器保护自己。

2. 教学重点

禁毒相关法律知识，法律责任年龄。

3. 教学难点

法律责任年龄，与毒品相关的违法犯罪行为及处罚规定。

（五）教学策略

在课堂教学中，可采用讲授法、讨论法、演示法等教学方法，借助视频、教学案例等手段，创设情境，通过活动，让学生对法律知识产生学习兴趣，激发学生学习禁毒法律知识的热情。

（六）教学准备

图片资料、视频资料、典型案例、多媒体课件等。

（七）教学过程

1. 新课导入

结合教材中明星吸毒的案例，课件中展示明星吸毒案件的照片，设置问题，引导学生学习法律对吸毒行为做出的相关规定，并呼吁学生要理智追星。

2. 新课讲解

（1）法律法规对吸毒行为的相关处罚规定。

（2）法律法规对戒毒的规定。

（3）法律法规对涉毒行为的相关处罚规定。

通过读本给出的案例，分别讲授吸毒行为及法律法规对此行为的相关处罚规定；法律法规对戒毒的规定及社区戒毒的条件；涉毒行为及法律法规对此行为的相关处罚规定，引导学生学习禁毒法律知识，懂得界定行为是否违法，明确个人行为的边界，学会利用法律武器保护自己。

参考案例：2018年7月，某市一高档小区的住户胡某，为满足自己的吸毒需求，在卧室种植了41株大麻。为了让大麻在卧室里生长，改造室内的灯光照明，将其模拟成日照。警方发现后，从胡某屋内缴获毒品大麻共61.82克，同时还对其卧室种植的41株大麻原植物进行了销毁处理。抓获现场，胡某还狡辩自己种大麻仅仅是因为平时非常喜欢种花。

教师通过展示案例，以提问的方式，引导学生带着问题去寻找答案。

（八）教学小结

对本节课的主要内容进行梳理、分析和总结。本课采用不同的教学方法对学生开展法治教育，明确吸毒、涉毒行为违反法律有关规定，会受到法律处罚，进而培养学生的法律意识和法治观念。

课堂思政：法治中国需要每个中国公民的共同努力，学生学法、懂法才能把法治精神、法治意识、法治观念铭记于心，成为中国法治建设的生力军。

（九）课后作业

观看禁毒微电影《你好，重生》。

五、第五课"他们怎么了"教案样例（九年级上）

（一）基本说明

教师根据实际情况填写教学时长、课时、授课班级、授课班级人数、教材等内容。

（二）教材分析

从个人、社会等方面，对青少年沾染毒品的原因进行分析，指出当前青少年吸毒问题的多样性和复杂性，让学生意识到毒品其实"离我们不远"，要坚定意志，拒绝"第一口毒品"。

（三）设计理念

本节课主要是对青少年沾染毒品的原因进行分析和梳理，总结初中阶段学生涉毒的根源。在课堂中以学生为主体，营造开放的有效课堂，引导学生养成良好的生活习惯，培养学生的自我约束能力和分析问题、自主学习的能力。

(四) 教学目标、教学重点、教学难点

1. 教学目标

通过学习，分析青少年沾染毒品的个人原因、社会原因以及其他原因，引导学生加强自律，善择良友，抵制诱惑。

2. 教学重点

青少年沾染毒品的个人原因、其他原因。

3. 教学难点

青少年沾染毒品的其他原因。

(五) 教学策略

在课堂教学中，采用讲授法、讨论法、演示法等教学方法，借助视频、教学案例等教学手段，创设情境，对当前青少年吸毒的原因做全面、细致的分析，增强学生的防范意识，改正不良生活习惯，提高自觉抵御毒品的能力。

(六) 教学准备

图片资料、视频资料、典型案例、多媒体课件等。

(七) 教学过程

1. 新课导入

可以通过展示我国新增吸毒人员以及青少年吸毒人员的最新数据，引发学生思考，引导学生了解当前禁毒工作形势的严峻性，从而引出本节课内容，与学生一同分析当前青少年吸毒的原因。也可以通过课堂小调查或提问的方式，掌握学生对青少年沾染毒品原因的了解情况，结合案例进行讨论，多角度探究青少年沾染毒品的原因，并进行分析和总结。

2. 新课讲解

以材料、案例的方式，结合教学内容和现实生活，启发学生分别对导致青少年吸毒的个人原因和社会原因进行分析、总结；通过组织学生观看视频资料，引导学生养成良好的生活习惯和积极向上的生活态度，坚决抵制毒品，坚决对毒品说"不"。

参考案例1：据阿珍介绍，父母在她13个月大时便离异了，她被判随生母，母亲再嫁时继父嫌她累赘，便把她送给了市区一对结婚多年未曾生育的夫妇（也就是她现在的养父母）。阿珍承认，起初养父母对她很好，吃穿不愁、关爱有加，但当她7岁时，养母生下了弟弟，她又成了累赘，成了家中的"保姆"，每天做饭、打扫卫生、看管弟弟，家务基本都是阿珍在做。为此，阿珍不止一次晚上躲在被子里偷偷哭泣。因缺乏家人的关爱，阿珍的学习成绩一落千丈，慢慢地自己也对学习失去了兴趣。小学毕业后，她就跟着在歌舞厅认识的朋友离开了家。有一天，她看见几个朋友躲在一个隐蔽的角落里抽烟，仔细一看，发现他们的抽法很不寻常，于是她凑了上去，学着他们的样子狠狠抽了一口，后来又抽了几次，阿珍就染上了毒瘾。染上毒瘾后，因无经济来源，阿珍便再也离不开那些娱乐场所里的朋友了，因为只有和他们在一起，她才能获得毒品来满足自己的毒瘾。

参考案例2：小敏因家境贫寒，初中毕业后，15岁的她便离家外出打工，并认识了男友小李。在交往一年多后，小敏发现小李是个"瘾君子"，她赚的钱都被小李借去吸毒。小敏多次劝小李改邪归正，但不管怎么劝说，小李都无法戒除毒瘾。为了劝男友戒毒，小敏竟然想用自己先吸后戒的办法来证明毒瘾是可以戒掉的，她想要以自己亲身实验来说服男友彻底戒毒。然而，小敏失败了，她非但没有成功帮助男友戒除毒瘾，自己也陷了进去。最后，她和男友都进了强制戒毒所。

教师提问：（1）在案例1和案例2中，究竟是什么原因导致阿珍和小敏沾染上毒品？

（2）青少年沾染毒品还有哪些其他原因？

通过课件展示、案例讲解，结合教材内容，引导学生从以下几个方面分析青少年沾染毒品的主要原因。

①个人原因：与社会现象和家庭教育缺失有关；强烈的好奇心和对毒品的无知，会使青少年忽略毒品的成瘾性、耐受性；不健康的生活方式。

②社会原因：与异性交往方式不当；结交不良朋友。

③其他原因：寻求刺激享受、逃避现实、叛逆等。

教师也可以组织学生观看禁毒微电影《不要尝试》，引发学生思考：为什么一个美丽、爱跳舞的女孩，最终因吸毒而走向死亡？因为她对吸毒、戒毒抱有侥幸心理，从而提醒学生一定要守住底线。

（八）教学小结

对本节课的主要内容进行梳理、分析和总结。本课采用不同的教学方法，对学生开展禁毒教育工作，培养学生真正做到抵制毒品。

课堂思政：养成良好的生活习惯，培养高尚的人格，珍爱生命，拒绝毒品。

（九）课后作业

课后思考：在接受禁毒宣传教育之后，为什么还有许多青少年禁不住毒品的诱惑，最终毁掉自己的一生？

六、第六课"一起来说'不'"教案样例（九年级下）

（一）基本说明

教师根据实际情况填写教学时长、课时、授课班级、授课班级人数、教材等内容。

（二）教材分析

本节课是初中阶段毒品预防教育专题课程的最后一课，主要是向学生介绍一些有关毒贩引诱青少年吸毒的伎俩，让学生掌握一些识别毒贩和自我保护的方法，从而能够远离毒品。

（三）设计理念

本节课是初中阶段毒品预防教育专题课程的最后一课，通过前面五节课的学习，学生已经对毒品知识有了相对系统的了解。除了增强学生自主抵御毒品的能力，本节课重点在于讲授如何学习和掌握被动防御毒品的知识和方法，进而对整个课程进行总结。本节课中，建议教师加强训练学生掌握防御毒贩诱惑的技巧，注重培养学生的实践能力和解决问题的能力，真正实现教学相长。

（四）教学目标、教学重点、教学难点

1. 教学目标

通过学习，分析和识别毒贩常用诱惑青少年吸毒的伎俩，熟练掌握自我保护的方法和策略。

2. 教学重点

毒贩引诱吸毒的常用伎俩和应对策略。

3. 教学难点

学习和熟练运用远离毒品的小妙招。

（五）教学策略

在课堂教学中，采用讲授法、讨论法、演示法等教学方法，借助视频、教学案例等教学手段，让学生了解毒贩常用引诱吸毒的方法，创设情境，通过活动，让学生亲自参与、练习并掌握一定的应对方法和策略，学会自我保护。教师要注重课堂的趣味性和实践性。

（六）教学准备

图片资料、视频资料、典型案例、多媒体课件等。

（七）教学过程

1. 新课导入

教师通过提问或创设情境的方式，假设有人向学生提供毒品，了解学生会怎么办。预先测试一下学生面对毒品诱惑时的应变能力和抵御毒品的能力。也可以通过播放视频、展示案例等方式，结合教学内容，着重突出引导学生识别毒贩常用引诱吸毒的伎俩，以角色扮演、分组训练的方式，进行情境教学、实战演练，真正提升学生的应变能力，掌握防范毒品的策略。

2. 师生互动

通过课堂小调查或提问的方式，掌握学生对毒贩常用引诱吸毒的伎俩的了解情况；结合案例进行讨论，以课堂训练的方式，充分调动学生参与的积极性。

3. 新课讲解

例一：识破毒贩常用的欺骗手法（情景模拟）

通过展示课件、播放视频等方法，引发学生讨论。总结毒贩的欺骗手法，展示课件：

（1）"试试呗，你看我不也没有上瘾"；

（2）"毒品吸一两次不会上瘾的"；

（3）免费尝试；

（4）声称吸毒可以"包治百病"；

（5）鼓吹"有钱人才吸毒"；

（6）利用爱美之心，谎称"吸毒可以减肥"。

随后，请学生思考：毒贩为何要诱惑他人沾染毒品？

教师可以从这三个方面进行讲解：

（1）对方诱惑别人吸毒，可以从中获利；

（2）存在报复心理，因为自己是被别人诱惑吸毒的，就想让其他人也和自己一样染上毒瘾；

（3）通过毒品达到控制别人的目的。

例二：提升防范能力（情景模拟）

结合读本、资料总结出防范毒贩引诱吸毒的方法，将学生分组进行随堂模拟练习。安排学生分别扮演毒贩和学生，通过模拟场景的教学活动，切实加强学生的应变能力和自我保护能力。

（八）教学小结

对本节课的主要内容进行梳理、分析和总结。本课采用不同的教学方法，引导学生分析和总结毒贩引诱吸毒的伎俩，熟练掌握防范策略，主动对毒品说"不"。

课堂思政：要站在国家建设的战略高度看待毒品问题，从自身拒毒开始，珍爱生命，拒绝"第一口毒品"。

（九）课后作业

请学生出一期"真爱生命，拒绝毒品"的黑板报。

第四章

初中阶段教学设计

一、第一课"进化的毒品"教学设计（七年级上）

（一）教学前规划

1. 课标规划

本节课的内容主要是毒品知识，毒品的基本知识在《初中生毒品预防教育读本》中处于基础地位。本课主要是使学生初步认识毒品的分类和毒品的名称，了解毒品的范畴——已从原有的传统毒品发展到新型合成毒品以及第三代毒品（新精神活性物质）。通过授课，学生能了解毒品的来源、成瘾原因及吸食后的症状表现，进而揭示毒品为何有"毒"，继而为下一节课"毒品有多毒"做铺垫。

2. 教材分析

根据《初中生毒品预防教育读本》编排内容，建议将读本的前三课合并为一个课时讲授。本节课是初中阶段毒品预防专题教育课程的第一课，是整个专题教育中的基础部分。本课目的在于让学生相对系统地学习毒品的基本知识，培养学生辨别毒品的能力，初步了解毒品的滥用情况及危害，明白毒品为何有"毒"，为后续课程的学习打下扎实基础。

3. 学情分析

本课程的授课对象为七年级学生，初中阶段的学生相对于小学阶段，其辨别是非的能力有了一定的提升，但仍是未成年人，心智还未完全成熟，对于毒品的基本知识和危害还存在认识不足的情况，因此，引导初中生辨别毒品有重要意义。在教学过程中，要充分考虑学生的认知能力、地缘分布情况及原生家庭情况等因素，通过教育引导学生认识毒品、了解毒品，初步培养学生自觉抵御毒品的意识。

4. 教学目标设计

（1）教学目标

①知识目标：了解毒品的基本知识（种类、名称、特性等），了解毒品的滥用情况以及后果。

②能力目标：培养观察能力和对毒品的辨别能力、对毒品种类的归纳能力，能初步识别常见毒品，提高预防毒品的能力。

③情感、态度与价值观：掌握辨别毒品的方法，知道毒品"进化"的过程就是加剧对人类危害的过程，提高预防毒品的能力，培养学生远离毒品的意识。

（2）教学重点

毒品的"进化"过程；不同毒品的不同滥用方式。

（3）教学难点

毒品的"进化"过程。

5. 教学方法

根据初中生这一群体的认知实际，遵循学生的认知规律，从毒品的基本知识入手，激发学生学习新知识的兴趣，引导学生对材料进行分析，培养学生的思辨能力。

6. 教具准备

图片资料、视频资料、典型案例、多媒体课件等。

（二）教学过程把握

1. 教师活动

（1）通过展示图片，引出课堂内容，引发学生讨论，引导学生根据现有知识对毒品的种类和名称进行列举。或播放通俗易懂的视频宣传资料，以学生较为熟悉的毒品作为导入，介绍毒品的基本知识，了解新型合成毒品和新精神活性物质，以此提高学生对新知识的学习兴趣。

（2）结合教学内容，通过提问或课堂活动的方式，提出问题：什么是毒品？毒品的种类有哪些？

（3）通过教师讲授，学生学习毒品的名称、种类和滥用情况等基本知识。教师引导学生归纳、总结毒品的基本特性，从而初步认识毒品的危害。

2. 学生活动

学生互动、分组讨论、代表发言。

3. 设计意图

从学生现有的认知水平出发，提高学生学习新知识的积极性。从毒品的不同来源、分类、特性等方面，创设情境，让学生从中发现毒品的危害性，为下一节课做好铺垫。

4. 教学活动建议

活动案例一："毒品常识"直观演示法教学设计

（1）教师活动：组织学生观看毒品常识的视频资料，配合讲授法、谈话法，提高学生的学习兴趣和积极性。

（2）学生活动：根据教师的引导进行观察思考。

（3）设计意图：以图文并茂的方式展示，可以更好地培养学生的观察能力和抽象思维能力，减少学生在学习过程中理解不常见事物的困难，同时可以提醒学生注意容易忽略的内容，比如伪装的毒品。

活动案例二："什么是毒品"问题式教学设计

（1）教师活动：以谈话、讲授的方式，提出问题，引发学生进行思考和讨论，并总结。

（2）学生活动：根据教师的启发进行交流、思考和讨论。

（3）设计意图：以问题为中心的教学，把教学内容化作问题，引导学生分析问题、解决问题，从而掌握知识、提升学习能力。让学生带着问题去寻找答案，有利于激发学生的学习动力。

5. **教学小结**

对本节课的教学内容进行梳理、总结，帮助学生提高学习效率。

（三）教学反思

1. **评价本节课教学设计的实施情况**

（1）学生对学习效果的评价，可以通过课后的调查问卷或问答获得。

（2）教师对自身教学效果进行评价，写出教学设计实施的心得和体会，结合实际进行总结。

2. **对教学设计的评价**

评价教学设计的优缺点，并进行修改、补充和完善。

二、第二课"毒品有多毒"教学设计（七年级下）

（一）教学前规划

1. **课标规划**

本课主要是在学生对毒品有了一定的辨别能力后，让学生深入了解吸毒所造成的危害，通过学习和了解毒品的现实危害性，全方面增强学生预防毒品和抵制毒品的意识和能力。

2. **教材分析**

本节课是初中阶段毒品预防专题教育课程的第二课，其主要内容是分析吸毒对个人、家庭及社会三个方面的具体危害，让学生了解毒品的具体危害，提高学生对毒品的警惕性。

3. 学情分析

初中生虽然对毒品的基本知识有了一定的了解，但对毒品危害的认识并不完善，尤其不容易理解毒品的成瘾性所造成的危害，如何让抽象的知识转化为形象易懂的认识尤为重要。因此，本课要结合学生的家庭背景及生活环境，注重挖掘能引起学生共鸣的毒品危害案例进行分析教学，以便形成更具操作性的教学设计。

4. 教学目标设计

（1）教学目标

①知识目标：从个人、家庭、社会等方面，全方位增强学生对毒品危害的理解。

②能力目标：认清毒品对个人、家庭以及社会所带来的危害。

③情感、态度与价值观：认清毒品的危害，培养学生爱惜身体、爱护家人、关爱社会的人生观、价值观。

（2）教学重点

吸毒行为对个人身体健康、家庭的危害。

（3）教学难点

吸毒行为对个人未来发展的影响及对社会的危害。

5. 教学方法

运用多种教学方法，充分调动学生参与教学过程的积极性，引导学生对材料进行分析、对问题进行讨论，培养学生的责任意识。

6. 教具准备

图片资料、视频资料、典型案例、多媒体课件等。

（二）教学过程把握

1. 教师活动

以吸烟的成瘾性及危害性作为导入，引发学生联想，引导学生对毒品的成瘾性及危害性进行讨论。也可以借助教学案例，结合教学内容，引导学生进行讨论，并对讨论的内容进行总结和反思。建议要注意发现或挖掘学生身边的真实事例进行案例分析，以增强教学的说服力，加深学生的理解。

2. 学生活动

积极参与互动、交流、讨论。

3. 设计意图

创设情境，引发学生联系实际，从学生实际认知水平出发，选取学生能感知的周围事例进行案例分析，让学生感同身受，激发学习兴趣，能深入理解毒品多方面的危害。

4. 教学活动建议

活动案例一："发现毒品的危害"探究式教学设计

（1）教师活动：结合案例，引导学生自主学习滥用毒品的后果，并总结出滥用毒品的危害。

（2）学生活动：通过发现问题自主寻找答案，培养自主学习的能力。

（3）设计意图：培养学生收集、整理并分析资料的能力，引导学生积极思考，从而达到教学目的。

活动案例二："吸毒对个人的危害"示范法教学设计

（1）教师活动：教师通过展示不同的图片，引导学生比较吸毒者与正常人在身体外貌、精神状态、健康程度上的差异，并进行分析，从而直观地认识到吸毒会对个人的身体健康造成明显伤害。

（2）学生活动：相互交流、讨论，归纳并总结。

（3）设计意图：结合学生的认知特点，展示不同图片样本，利用直接观察的方式，使得学生通过吸毒对人体的影响产生直观且强烈的震撼感，培养学生的观察能力和分析能力，激发学生尊重生命、坚决抵制毒品的意识。

活动案例三："吸毒对家庭的危害"模拟法教学设计

（1）教师活动：通过假设提问方法，引导学生将自己想象成一名吸毒者，由此展开联想，思考吸毒对家庭的危害，结合教学内容进行模拟假设活动。

（2）学生活动：自主探究，归纳并总结。

（3）设计意图：通过模拟情境的体验教学法，让学生深刻意识到吸毒对家庭造成的巨大破坏，从而激发学生远离毒品、保护家庭的决心。

活动案例四："吸毒对社会的危害"探究式教学设计

（1）教师活动：播放因毒驾而肇事肇祸的视频，展示近年来我国的吸毒人员数据，并对因吸毒导致的各类犯罪案件进行分析，讨论吸毒对社会造成的危害（包括当前的危害和长远的危害），对学生讨论的结果进行梳理。

（2）学生活动：互相交流、讨论，分析并总结。

（3）设计意图：培养学生收集整理信息的能力、分析和处理问题的能力以及表达能力。从吸毒危害个人健康、危害家庭，再到危害社会，结合材料进行展示，让学生认识到我国毒品问题的严重性，全方位、多维度地让学生深入了解毒品的危害。

5. 教学小结

对本节课的教学内容进行梳理、总结，帮助学生提高学习效率。

（三）教学反思

1. 评价本节课教学设计的实施情况

（1）学生对学习效果的评价，可以通过课后的调查问卷、收集学生个人感悟或问答获得。

（2）教师对自身教学效果进行评价，写出教学设计实施的心得和体会，结合实际进行总结。

2. 对教学设计的评价

评价教学设计的优缺点，并进行修改、补充和完善。

三、第三课"谁在左右我"教学设计（八年级上）

（一）教学前规划

1. 课标规划

本课主要是让正处于青春期的初中生能够形成正确的人生观和价值观，关爱和帮助身边的每一位同学，平稳度过青春期。

2. 教材分析

本课主要针对正处于青春期的初中生，对其在此阶段存在的生理和心理问题进行分析，引出"贴标签"现象和越轨行为，旨在引导学生不要被"标签"所左右，避免因发生越轨行为而沾染毒品。

3. 学情分析

青春期是人生命历程中一个非常重要的时期，在此期间，人的心理和身体都在经历一个由幼稚向成熟的变化。根据主流观点，青春期在不同的年龄阶段有不同的表现：七年级的学生，还处于慢慢适应初中生活的阶段，自主意识越来越强烈，开始产生情绪上的变化，主张与众不同、特立独行。八年级的学生，看待问题容易片面极端，情绪冲动，急于获得同伴的认可和接纳，另外，在处理各种问题上还可能出现畏难情绪，一旦失败，自信心易受损。九年级的学生逐渐趋于理性、成熟，各方面能力增强，对人、事都开始有自己的理解，渴望得到周围人的理解和尊重。在本课教学中，建议教师根据不同年龄阶段学生的特点，有针对性地设计教学内容和教学实施过程，从而帮助学生正确认识和处理青春期出现的问题，消除青春期学生的负面情绪，去除"标签"，避免越轨行为，拒绝毒品，关爱自己，关心他人，形成正确的人生观、价值观和世界观。

4. 教学目标设计

（1）教学目标

①知识目标：了解青春期，认识自己，接纳自己，学会正确处理人际关系。

②能力目标：在与他人交往的过程中，学会拒绝"贴标签"和被"贴标签"，避免出现越轨行为。

③情感、态度与价值观：正确认识并接受青春期出现的生理和心理变化，树立信心，互相帮助，培养健康的心理，学会正确处理人际关系。

（2）教学重点

青春期；拒绝"贴标签"，避免越轨行为。

（3）教学难点

正视和妥善处理青春期问题。

5. 教学方法

以课堂教学为主，可以采用讲授法、讨论法、探究法等教学方法，借助视频、教学案例等教学手段，创设情境，启发学生思考和讨论，激发学生的学习兴趣。

6. 教具准备

图片资料、视频资料、典型案例、多媒体课件等。

（二）教学过程把握

1. 教师活动

（1）可以通过选取青春期突出的行为特征作为导入，也可以让学生仔细观察自身的成长经历，从生理、心理等方面的变化引出青春期的话题，并深入探讨学生自身在青春期所出现的问题。如教师提问：同学们，大家请回想一下，从幼儿园到小学，再到初中，我们在哪些方面发生了变化？

（2）教师可以采用播放视频、展示图片、提问等方式，结合教材讲解青春期的特征以及在青春期发生的变化,从而引出问题。帮助学生正确认识青春期,正确接纳青春期所带来的各种变化,引导处于青春期的学生摒弃不良嗜好和不良行为习惯,增强抵御诱惑和抵抗风险的能力。

2. 学生活动

自主学习、分组讨论、个人汇报和总结。

3. 设计意图

从学生现有的认知水平出发,激发学生学习新知识的兴趣,提高学生学习的积极性,引出本节课接下来所要学习和掌握的内容。

4. 教学活动建议

活动案例一:"认识青春期"活动式和讲授式相结合的教学设计

(1)教师活动:选取青春期某个或某些突出问题作为活动主题,全班学生分成若干个小组,小组成员互相配合完成活动。教师结合教学内容、教材以及课件,讲授处于青春期的青少年产生的问题、变化和解决方法。

(2)学生活动:小组合作、交流、汇报。

(3)设计意图:通过引出处于青春期的学生存在较为明显的自我约束能力不足的问题,引导学生认识自我、发现自我,从而引发学生思考,进而分析青春期存在的各种问题。通过教师讲授,让学生了解青春期以及与青春期有关的知识,使学生学会正确处理青春期产生的问题。

活动案例二:"标签化"探究式教学设计

(1)教师活动:展示案例,结合教材进行讲解,引导学生参与讨论,分析为什么处于青春期的学生容易被"标签化",引发学生的思考与讨论。

(2)学生活动:互相交流、讨论,分析问题。

(3)设计意图:处于青春期的青少年还不成熟,心智尚不健全,当得不到周围人肯定的评价时,容易产生叛逆心理,或因不合群而被同龄人贴上"标签",受到排斥。学习这一课,能帮助学生梳理和分析青春期的变化,引导学生学会接受自己、关爱他人。

活动案例三:"越轨行为"启发式教学设计

(1)教师活动:引导学生积极参与案例讨论。结合生活实际,引导学生分析产生越轨行为的原因,并给出解决策略。

(2)学生活动:分组交流,讨论如何正确认识自己、养成良好的道德品格。

(3)设计意图:让学生重视因"贴标签"引发的越轨行为(如发生沾染毒品的行为),从而发出警示,避免此类情况的发生,培养学生的仁爱精神,树立正确的人生观。在实际授课过程中,教师应引导学生学会控制情绪、把握自己的行为,学会规划自己的人生,注重培养学生关心爱护同学的意识,不随便给同学"贴标签",避免学生发生越轨行为。

5. 教学小结

对本节课的教学内容进行梳理、总结,帮助学生提高学习效率。

(三)教学反思

1. 评价本节课教学设计的实施情况

(1)学生对学习效果的评价,可以通过课后的调查问卷或问答获得。

(2)教师对自身教学效果进行评价,写出教学设计实施的心得和体会,结合实际进行总结。

2. 对教学设计的评价

评价教学设计的优缺点,并进行修改、补充和完善。

四、第四课"行为的边界"教学设计(八年级下)

(一)教学前规划

1. 课标规划

通过前三课对毒品相关知识的专题学习,学生已经对毒品所带来的巨大危害有了一定的认识，本课主要学习与毒品相关的法律知识，让学生认识到触犯法律法规会带来的严重后果，同时培养学生会使用法律武器来保护自己的意识。

2. 教材分析

本课主要围绕与毒品有关的法律法规展开，学生通过相关法律知识的学习，界定违法犯罪行为的边界，明晰违反法律法规会受到何种法律处罚以及违法犯罪行为对未来造成的影响。

3. 学情分析

初中生的法律意识不强，而且不同年级的学生对法律知识的学习程度不尽相同，总体而言，初中生对法律并没有很清晰的概念，他们对触犯法律所带来的严重后果也不甚了解。通过学习与毒品有关的法律法规，给学生灌输"法"的观念，培养学生遵纪守法的好习惯，这对学生产生法律意识和学会利用法律武器来保护自己有非常重要的意义。

4. 教学目标设计

（1）教学目标

①知识目标：学习并了解与毒品有关的法律知识。

②能力目标：养成遵纪守法的习惯，学会运用法律武器保护自己，自觉抵制毒品。

③情感、态度与价值观：学法、懂法、用法，培养法律意识，增强遵纪守法的观念。

（2）教学重点

学习并掌握与毒品相关的法律知识；学会利用法律武器进行自我保护。

（3）教学难点

法律责任年龄；与毒品相关的违法犯罪行为及相关处罚规定。

5. 教学方法

在课堂教学中，可采用讲授法、讨论法、演示法等教学方法，借助视频、教学案例等教学手段，创设情境，通过活动，使学生对法律知识产生学习兴趣，激发学习禁毒法律知识的热情。

6. 教具准备

图片资料、视频资料、典型案例、多媒体课件等。

（二）教学过程把握

1. 教师活动

建议通过与法律基础知识相关的视频或案例，或结合学生已具备的法律常识开展教学。教师通过展示案例，在学生的法律认知能力范围内进行讲解，引出法律的概念；引导学生对讨论的问题进行理解和分析，并请学生谈谈自己对法律的认识；让学生明白"行为的边界"中"边界"到底指的是什么；讲授并分析案例，让学生学习和理解什么是违法行为以及违法行为所带来的法律后果。

教师讲解与毒品相关的违法行为及法律的处罚，重点要讲清楚以下几种违法行为：

（1）吸食、注射毒品；

（2）容留他人吸食毒品；

（3）非法持有毒品；

（4）贩卖毒品；

（5）非法种植毒品原植物。

目前，我国与毒品有关的法律主要有三部：《中华人民共和国禁毒法》《中华人民共和国治安管理处罚法》《中华人民共和国刑法》。违反与毒品有关的法律法规，都是违法行为，情节严重的将构成犯罪。违法是针对违反以上前两部法律的规定，将可能处以行政拘留或者社区戒毒，甚至强制隔离戒毒的处罚（社区戒毒的期限为三年，强制隔离戒毒的期限为两年），犯罪则是触犯了《中华人民共和国刑法》所规定的有关罪名，这需要判刑，也就是我们常说的坐牢。同时要强调的是，《中华人民共和国刑法》第十七条规定："已满十六周岁的人犯罪，应当负刑事责任。已满十四周岁不满十六周岁的人，犯故意杀人、故意伤害致人重伤或者死亡、强奸、抢劫、贩卖毒品、放火、爆炸、投放危险物质罪的，应当负刑事责任。已满十四周岁不满十八周岁的人犯罪，应当从轻或者减轻处罚。因不满十六周岁不予刑事处罚的，责令他的家长或者监护人加以管教；在必要的时候，也可以由政府收容教养。"但是，需要提醒学生的是，受到刑罚处罚的，都会记入个人档案，对学生将来的升学、就业都会有一定影响，由此加强对学生的警示作用。

2. 学生活动

学生交流、讨论，并请代表发言。

3. 设计意图

本节课所讲授的法律知识侧重对具体法条的理解和应用。授课时，采用情境教学法，从学生现有的认知水平出发进行教学，可以提高学生的积极性，激发学习新知识的兴趣。通过学生已知的法律常识，结合实际案例，向学生揭示"行为的边界"在于守法和违法。

值得注意的是，初中低年级的学生以及农村地区的学生可能在理解上会相对困难一些，建议根据学生的实际情况有针对性地进行教学设计，以增强教学效果。

4. 教学活动建议

活动案例一："法律法规对吸毒行为的相关处罚规定"讲授式教学设计

（1）教师活动：通过案例材料，结合教学内容分析、讲授与吸毒有关的法律法规及处罚规定，引导学生了解和学习法律知识，揭示法律法规对吸毒行为作出的规定和处罚。

（2）学生活动：交流、讨论，个人发言。

（3）设计意图：引导学生通过各种案例，结合教学内容，初步对与毒品有关的法律法规进行了解。同时，结合毒品的危害性，启发学生参与讨论，说明沾染毒品会受到法律的制裁，而且不同的涉毒行为会受到不同程度的法律处罚。

活动案例二："法律法规对戒毒的规定"自主学习式教学设计

（1）教师活动：教师提供案例，结合教材内容，引导学生了解与戒毒有关的法律规定，并对学生进行学习指导。

（2）学生活动：自主学习、交流、讨论。

（3）设计意图：本活动旨在让学生对不同的禁毒法律法规有初步认识，拓展学生的法律知识面，了解戒毒方面的具体法律法规。

活动案例三："法律法规对涉毒行为的相关处罚规定"探究式教学设计

（1）教师活动：通过提供材料，结合教学内容，分析哪些违反法律法规的行为会受到法律的制裁，引发学生的思考和讨论。

（2）学生活动：小组交流、讨论，学生代表发言。

（3）设计意图：增加初中生的法律知识储备，引导学生学会区分不同的禁毒法律法规，学会界定违反法律法规的行为，培养法律素养和法治精神。

活动案例四："如何利用法律进行自我保护"讨论式教学设计

（1）教师活动：展示案例或材料，结合教学内容，引发学生讨论如何利用法律武器保护自己。

（2）学生活动：思考并讨论，进行归纳、总结。

（3）设计意图：引导学生学习和理解法律责任年龄的内容和保护未成年人相关的法律规定，引导学生学会利用法律武器保护自己，并能区分守法行为和违法行为。

5. 教学小结

对本节课的教学内容进行梳理、总结，帮助学生提高学习效率。

（三）教学反思

1. 评价本节课教学设计的实施情况

（1）学生对学习效果的评价，可以通过课后的调查问卷或问答获得。

（2）教师对自身教学效果进行评价，写出教学设计实施的心得和体会，结合实际进行总结。

2. 对教学设计的评价

评价教学设计的优缺点，并进行修改、补充和完善。

五、第五课"他们怎么了"教学设计（九年级上）

（一）教学前规划

1. 课标规划

通过分析青少年吸食毒品的主要原因，让学生明白毒品"离我们并不遥远"，鼓励学生养成健康的生活习惯和生活方式，提高禁毒意识和禁毒自觉性，增强拒绝和抵制毒品的心理防御能力。

2. 教材分析

从个人、社会等方面，对青少年沾染毒品的原因进行分析，指出当前青少年吸毒问题的多样性和复杂性，让学生意识到毒品其实"离我们不远"，坚定信心，拒绝"第一口毒品"。

3. 学情分析

虽然近年来我国青少年吸毒人员持续减少，但《2018年中国毒品形势报告》的数据显示，截至2018年底，我国18岁以下的吸毒人员仍有1万名。青少年吸毒问题依然严峻！

初中生对社会充满好奇，但缺乏足够的判断力和自制力，无法抵御社会上的不良诱惑，稍有不慎，便会因抵御不了社会上的不良诱惑和刺激而沾染毒品。不仅如此，当前还存在一部分青少年主动吸毒的情况。通过细致、全面地分析青少年沾染毒品的原因，让学生明白毒品其实离他们不远，从而帮助他们加强自我控制能力，养成健康的生活习惯和正确的社交方式，时刻提高警惕，增强远离毒品的意识。

4. 教学目标设计

（1）教学目标

①知识目标：学习并掌握青少年沾染毒品的主要原因，引导青少年培养健康的生活习惯。

②能力目标：通过了解青少年沾染毒品的原因及预防对策，使学生树立远离毒品的意识，提高拒绝毒品的心理防御能力和自觉性。

③情感、态度与价值观：明白毒品其实"无处不在"，拒绝尝试毒品，树立正确的人生观和价值观。

（2）教学重点

青少年沾染毒品的个人原因和社会原因。

（3）教学难点

青少年沾染毒品的其他原因。

5. 教学方法

在课堂教学中，可采用讲授法、讨论法、演示法等教学方法，借助视频、教学案例等教学手段，创设情境，对当前青少年吸毒的原因做全面、细致的分析，增强学生的防范意识，抵制不良诱惑，改正不良生活习惯，提高自觉抵御毒品的能力。

6. 教具准备

图片资料、视频资料、典型案例、多媒体课件等。

（二）教学过程把握

1. 教师活动

从禁毒宣传口号或者相关视频导入，首先进行正面引导：面对毒品，任何人，特别是青少年，千万不能抱有侥幸心理，一定要严守不尝试"第一口毒品"的防线，坚决抵制和防范毒品。或通过展示图片、教学案例或播放视频等方式，结合多种教学方法，引导学生寻找青少年沾染毒品的原因，并进行分析、梳理和总结出青少年沾染毒品的根源。

2. 学生活动

学生分组讨论、互相交流，分析、总结。

3. 设计意图

创设情境，引发学生积极参与讨论，激发学生学习兴趣，引导学生了解当前禁毒形势的严峻性，坚决做到不吸"第一口毒品"，敢于对毒品说"不"，坚定防范毒品的决心。

4. 教学活动建议

活动案例一："青少年沾染毒品的个人原因"问题式教学设计

（1）教师活动：教师提供材料，引导学生分析青少年沾染毒品的个人原因，指导学生对原因进行归纳和概括。

（2）学生活动：分组讨论、互相交流、个人发言。

（3）设计意图：导致青少年沾染毒品的个人原因复杂多样，结合未成年人的原生家庭环境，引导学生深入分析个人吸毒的原因，有助于学生提高认识、端正态度，养成良好的生活习惯，从个人方面做好防范毒品的措施。

活动案例二："青少年沾染毒品的社会原因"讲述式教学设计

（1）教师活动：教师通过展示案例、音频、图片等资料，以讲述的方式，列举出导致未成年人沾染毒品的社会原因，引导学生分析和总结。

（2）学生活动：分组讨论、互相交流、个人发言。

（3）设计意图：初中生涉世未深，对社会认识不全面，容易被社会上的不良人员诱惑而沾染毒品。通过学习，帮助学生提高对社会不良现象的认识，学会择良友而交，不盲目自信，不盲从于他人。

活动案例三:"青少年沾染毒品的其他原因"讨论式教学设计

(1)教师活动:引导学生深入分析,除个人和社会因素外,找出导致青少年沾染毒品的其他原因。

(2)学生活动:分组讨论、互相交流、个人发言。

(3)设计意图:引导学生思考和讨论,有助于培养学生学习的积极性,引导学生不断提高自身素养,在遇到压力、挫折和诱惑时能做出正确选择。

活动案例四:反差式教学设计

(1)教师活动:组织学生观看吸毒人员的采访视频以及戒毒所生活的纪录片,随后组织学生到操场进行篮球、拔河、跳绳等一系列体育活动。体育活动结束后,让学生回到教室,提出问题:同学们,想一想,纪录片中"瘾君子"在戒毒所里的生活和刚才我们的生活有什么不同?随后分组讨论,各组派代表就讨论的问题发言,各组组长组成的"小评委"团队,在各组上台总结完毕之后进行互评,找出各组发言的闪光点和不足之处。在"小评委"互评完毕后,教师以"大评委"的身份进行总评,再引出问题:和戒毒所里的吸毒人员相比,是否觉得现在的生活更自由、更快乐?由此引出本节内容的三个要点,旨在告诉学生不良的生活习惯就是我们内心的"魔鬼",只有勇敢地战胜它,拥有健康的生活方式,合理疏解情绪,才能拥有健康向上的自由生活。(教师可以视情况对本堂课表现优秀的小组进行表扬并颁发小奖品。)

(2)学生活动:学生在课前以小组形式准备好关于沾染毒品原因的资料,课上认真观看视频,积极参与体育活动,认真思考和讨论,积极发言,和同学分享沾染毒品的多方面原因。

(3)设计意图:组织学生观看吸毒人员的采访视频,以亲身经历者现身说法的方式使学生对吸毒人员的经历有更直观的体验,更加深入地理解沾染毒品的多方面原因以及后果。进行篮球、拔河、跳绳等体育活动,旨在让学生感受健康的生活方式带来的自由和快乐,以便更好地让学生体会到染上毒品后失去自由的巨大反差，让学生学会珍惜眼前自由快乐的生活。创新的教学方式真正做到让学生发散思维并积极参与活动，同时也加深了学生对学习内容的理解和记忆。

5. 教学小结

对本节课的教学内容进行梳理、总结，帮助学生提高学习效率。

（三）教学反思

1. 评价本节课教学设计的实施情况

（1）学生对学习效果的评价，可以通过课后的调查问卷或问答获得。

（2）教师对自身教学效果进行评价，写出教学设计实施的心得和体会，结合实际进行总结。

2. 对教学设计的评价

评价教学设计的优缺点，并进行修改、补充和完善。

六、第六课"一起来说'不'"教学设计（九年级下）

（一）教学前规划

1. 课标规划

通过毒品预防系列专题学习，学生已经基本掌握与毒品有关的知识，只有帮助学生正确面对生活中的各种问题，学习拒绝毒品的应对方式和策略，抵制毒品的诱惑，才能从真正意义上拒绝毒品，珍爱生命，对毒品说"不"。

2. 教材分析

本节课是初中阶段毒品预防教育专题课程的最后一课，主要是向学生介绍一些有关毒贩引诱青少年吸毒的伎俩，从而让学生掌握自我保护和远离毒品的方法技巧。

3. 学情分析

本阶段的学生对社会的认知度不高，往往由于过于自信或害怕，容易在一些毒贩的威逼利诱下吸食毒品。根据不同阶段学生的不同性格特点，教会学生掌握一定的自我保护方法和策略，让学生学会识破并安全摆脱毒贩的引诱，增强自我保护能力，从真正意义上做到拒绝毒品。

4. 教学目标设计

（1）教学目标

①知识目标：了解毒贩常用引诱吸毒的手段。

②能力目标：学习识破毒贩常用的诡计，掌握一定的防范策略，提升自我保护能力。

③情感、态度与价值观：培养健康的生活方式，强化"珍爱生命，拒绝毒品"的意识。

（2）教学重点

了解毒贩常用引诱吸毒的手段。

（3）教学难点

掌握一定的防范策略和应对方法。

5. 教学方法

在课堂教学中，采用讲授法、讨论法、演示法等教学方法，借助视频、教学案例等教学手段，让学生了解毒贩常用引诱吸毒的手段；创设情境，通过活动，让学生亲自参与、练习并掌握一定的方法策略，提升自我保护能力，增强课堂的趣味性和实践性。

6. 教具准备

图片资料、视频资料、典型案例、多媒体课件等。

（二）教学过程把握

1. 教师活动

根据授课对象的认知水平进行教学，课堂教学需符合学情和学生实际，可以利用案例或图片，以讲授的方法导入新课；也可以结合教学内容，利用视频、案例等,通过提问或课堂活动的方式,引导学生分析毒贩引诱青少年沾染毒品的常用伎俩,启发学生思考;还可以通过活动的方式组织学生学习并掌握防范毒贩诱惑的小妙招,锻炼学生的实践能力,培养学生的应变能力。

2. 学生活动

学生分组讨论、进行课堂小组活动,安排学生代表发言。

3. 设计意图

创设情境,激发学生学习新知识的积极性,提高学生防毒拒毒的综合能力,做到在任何时候都能对毒品说"不"。

4. 教学活动建议

活动案例一:"毒贩引诱吸毒的常用伎俩和应对策略"启发式教学设计

(1)教师活动:教师提供视频,结合教学内容,引导学生讨论毒贩常用引诱吸毒的伎俩有哪些?毒贩又是如何进行诱骗的?

(2)学生活动:分组讨论、互相交流、个人发言。

(3)设计意图:引导和帮助学生分析和识破毒贩引诱吸毒的伎俩,提高防范能力,提升青少年对社会不良手段的识别能力和抵抗能力。

活动案例二:"远离毒品的小妙招"讲述式和合作式教学设计

(1)教师活动:通过展示案例、音频、图片等资料,教师以讲述的方式列举出青少年防范毒贩伎俩的策略,并组织学生进行分组演练,全面提升学生坚决抵制毒品的能力。

(2)学生活动:分组演练,并展示。

(3)设计意图:通过学习并掌握防范毒贩的小妙招,加深学生对与毒品有关知识的系统了解,并通过实战演练,从不同方面加强自我防范能力。

5. 教学小结

对本节课的教学内容进行梳理、总结,帮助学生提高学习效率。

（三）教学反思

1. 评价本节课教学设计的实施情况

（1）学生对学习效果的评价，可以通过课后的调查问卷或问答获得。

（2）教师对自身教学效果进行评价，写出教学设计实施的心得和体会，结合实际进行总结。

2. 对教学设计的评价

评价教学设计的优缺点，并进行修改、补充和完善。

七、"绿色无毒护家园"主题班会

（一）班会目的

以习近平总书记关于禁毒工作的重要指示精神为指导，紧紧围绕禁毒工作"要坚持关口前移，预防为先"的总要求，借助校园主题班会开展毒品预防教育，不断提高学生的禁毒意识和防毒、拒毒能力，培养学生作为新时代青少年为社会做贡献的使命感。

同时，将禁毒宣传教育与国家生态文明建设有机结合，从环境保护、社会发展、幸福生活的角度，让学生了解毒品泛滥对生态文明的影响，引导学生以践行"健康人生、绿色无毒"生活理念来保护生态环境，保护绿水青山。

（二）班会内容设计

导入：毒品会对个人、家庭、社会造成哪些危害？（掌握学生群体对毒品犯罪与生态文明的了解程度，从学生的回答中突出课堂重点。）

要点1：制毒犯罪活动会造成环境污染，与环境保护理念相违背。

要点2：毒品犯罪危害人民生命安全，导致家破人亡，与社会发展、幸福生活的理念相违背。

过渡：必须重视毒品危害，共同守护美好环境和家园。

要点3：我们能做什么？怎样识别制毒窝点、举报制毒窝点？

（保护环境就是保护自己，将毒品危害告知身边的人，使之成为禁毒力量的一分子。）

要点4：践行"健康人生、绿色无毒"的生活理念，养成健康的生活方式，从根本上拒绝毒品。

（三）社会活动方法

导入部分

1. 展示常见的不同种类毒品的图片，有效指导学生对毒品知识进行查漏补缺。

2. 关于毒品犯罪活动导致环境污染的问题进行小组讨论。

要点1

（1）视频材料可选用：毒品犯罪活动危害环境的新闻报道，制毒原料对环境的破坏和危害。

（2）案例分析可选用：

期刊报道：《广东"制毒第一村"何以成为"法外之地"》

案例：2013年12月29日凌晨4时，特警严密封锁博社村，将制毒团伙的房子团团围住。清剿行动持续了2个小时，捣毁18个特大制毒贩毒犯罪团伙，抓捕成员182名，缴获冰毒近3吨。

毒品从各个方面改变着这个海边小村。村民说："制毒的污水，直接倒进田地里、水沟里。村西南的一条水沟原本清澈见底，现在被染得跟墨水一样，又黑又臭。"很多村民已经有两年多不喝井水了，改喝从村外运来的10元一桶的纯净水。

由此说明，制毒活动与环境保护、"绿水青山就是金山银山"的理念相违背。毒品在加工、生产过程中需要使用大量的化学制剂，同时排放出有毒的"三废"物质，破坏自然资源，污染生态环境。另外，由于存放条件简陋，存放的这些危险废物会进一步挥发、流失或渗漏，会对周边空气、土壤和水源造成进一步污染，并影响周边居民的身体健康。

要点2

（1）视频材料可选用：毒驾事故的新闻报道，吸毒导致家破人亡等案例，吸毒者接受采访、后悔所作所为的独白，最后可插入美好生活的短视频作为对比材料，以加深印象。

（2）案例分析可选用：

2012年4月22日，王某某吸食冰毒后驾驶客运大巴车从上海前往江苏常熟，在常合高速路行驶途中，神智混乱，驾车冲过中央护栏，与对面正常行驶的一辆货车相撞，造成14人死亡、20人受伤。

人在吸毒后，精神会极度亢奋，甚至出现妄想、幻觉等症状，一旦进行驾车等活动，会导致驾驶人脱离现实场景，在毒品作用下发生判断力低下，甚至出现完全丧失判断力的状况，为恶性交通事故的发生埋下隐患。

此案例说明吸食毒品严重危害社会安全。毒品害人害己，是阻碍社会和谐稳定的因素。

要点3

利用网络、多媒体平台收集资料，让学生从多渠道学习如何识别制毒窝点、举报制毒窝点。

通过展示图片，让学生观察并学习识别制毒窝点，例如：制毒工厂通常会选在偏僻、废弃的厂房或隐蔽的居民楼内，场地通常由当地人提供，或以场地入股，或由当地人出面租住。

如果原本偏僻、废弃的厂房突然又开始运作，则很有可能是制毒工厂，再观察厂房附近若有380伏工业用电线路，场地外或出租屋顶若有较大蓄水池，基本可判断为制毒工厂的选址。

山上独门独户独路的养猪场或养鸡场，在山上容易看到山下人员、车辆的往来情况

以正规的养鸡场作掩护

在靠近养鸡场的山脚下另一个棚里作为窝点

制毒窝点的隐蔽手法主要有三种：一是用窗帘、报纸或砖头封堵、遮挡所有窗户；二是安装、使用监控摄像头；三是在农村地区的厂房用铁丝网、看家犬来防止陌生人进入。

制毒工厂往往采取严格的封闭式生产模式，生产时断时续，而且往往选择在夜间或风雨天气开工。生产时排放具有刺激性气味的烟尘，窝点排污严重影响周围生态环境。

学生可以以环境保护为话题，利用分组讨论的形式提出人与自然和谐发展、生态建设的重要性。讨论结果：为了保护大家赖以生存的家园，我们要树立禁毒意识，培养防毒、拒毒能力，承担社会责任，宣传毒品犯罪活动污染环境、危害人民生命安全的知识。

引用国家出台的相关办法,讲述举报制毒窝点的方法及相关知识。

《毒品违法犯罪举报奖励办法》第四条:"各级禁毒委员会办公室、公安机关应当指定、公布举报受理电话或者其他受理方式。直接向公安部举报毒品违法犯罪线索的,由公安部禁毒局作为指定受理机构。举报可以公开或者匿名方式进行。为便于查证和奖励,国家禁毒委员会办公室鼓励实名举报毒品违法犯罪行为。匿名举报无法核实真实身份或者无法联系举报人的,不列入奖励范围。"

最后,向学生说明国家动员全社会力量参与禁毒斗争,鼓励举报毒品违法犯罪活动,减少毒品对社会的危害。

要点4

利用提问法和讲述法对班会活动进行总结升华。

提问法:通过这节课,同学们学到了什么?今后应该怎样做?

讲述法:毒品犯罪已经危害到我们赖以生存的家园,阻碍国家生态文明建设,因此,毒品斗争刻不容缓。今后要靠大家来唤起周围人的禁毒意识,只有具备识毒、拒毒、防毒的能力,在我们的心里筑起一道抵御不良诱惑的坚固长城,才能保护我们的绿水青山。

禁毒宣传是每个新时代青少年义不容辞的责任。做好禁毒宣传,可以有效提高地方的禁毒氛围,减少制毒、贩毒活动,遏制毒品对生态文明的破坏。

少年兴,则国兴;少年强,则国强。从自己做起,从身边小事做起,我们必须致力于为自己创造绿色健康的生活环境,绝不让毒品问题成为危及社会和谐稳定的毒瘤。

第五章

高中阶段教案样例

一、第一课"正确认识毒品"教案样例（高一上）

（一）基本说明

教师根据实际情况填写教学时长、课时、授课班级、授课班级人数、教材等内容。

（二）教材分析

本节课是高中阶段毒品预防专题教育课程的第一课。通过复习和梳理初中学习过的毒品预防教育知识，引导学生根据毒品对人体的不同作用对毒品进行归纳和分类，从深度和广度上拓展学生对毒品的认识，为下一课"毒品＝毁灭"的学习起铺垫作用。

（三）设计理念

本节课着眼于高中生毒品预防教育的阶段要求，教学要求符合高中学生的心理特点和学习特性。在教学过程中，以学生为主体，引导学生进行学习思维转换。在课堂上，努力采用"用教材"而不是"教教材"的高效课堂模式。本节课的教学注重对学生知毒、辨毒能力的培养以及思维能力的培养，充分考虑高中生的心理特点和认知能力，积极引导学生主动参与、积极探究，提升学生搜集和处理信息的能力、分析和解决问题的能力。

（四）教学目标、教学重点、教学难点

1. 教学目标

引导学生根据毒品对人体的不同作用对毒品进行归纳和分类，学习毒品对人体的作用机理，认识成瘾性处方药，理解吸食毒品易成瘾这一特性。

2. 教学重点

毒品的分类和毒品的成瘾机理。

3. 教学难点

毒品的成瘾机理。

（五）教学策略

采用讲授法、讨论法、探究法，借助多种教学手段，激发学生的学习兴趣，启发学生进行学习思维转换，提高学习能力。

（六）教学准备

视频资料、多媒体课件等。

（七）教学过程

1. 案例导入

（1）导入：建议引用读本第2~3页"探究学习"中的"李明的故事"或其他青少年吸食毒品的案例，引出毒品的种类以及不同的毒品对人体的不同作用。

（2）探究学习：毒品的分类和成瘾机理的知识梳理。

2. 讲解新课

（1）毒品的法律属性

对毒品法律概念的讲解，既要讲清楚毒品的自然属性，也要讲清楚毒品的法律属性。在进行知识梳理时，要强调因毒品具有法律属性，所以吸食毒品是违法行为。

（2）毒品的特征

让学生结合案例分析毒品的成瘾机理，从成瘾机理认清毒品的特征和

危害。

(3) 毒品的分类

重点讲解毒品的分类,强调新精神活性物质这一类别。

(4) 认识成瘾性处方药

根据读本中第19~20页"探究学习"的案例展开探究,思考止咳水为什么会让小辉上瘾?

利用多媒体课件展示图片,从物理形态、毒害作用等方面介绍"止咳水"、地西泮、氟硝西泮这三种常见的成瘾性处方药。

(5) 认识伪装后的毒品

结合多媒体课件中的图片,引导学生辨别"奶茶""跳跳糖"等八种伪装成日常生活中常见饮料、零食的毒品。

(6) 实战演练

通过回顾图片或做小游戏的形式,将常见毒品的名称和类别进行梳理。

(八)教学小结

对本节课的教学内容进行梳理、总结。教师可以通过回顾案例或者引导提问的方式,将毒品的分类和成瘾机理进行梳理,并提示学生,学习禁毒知识是为了提高对毒品的防范能力、拥有健康美好的人生。

(九)课后作业

观看青少年毒品预防教育专题片《致青春(15—18岁)》。

二、第二课"毒品=毁灭"教案样例(高一下)

(一)基本说明

教师根据实际情况填写教学时长、课时、授课班级、授课班级人数、教材等内容。

（二）教材分析

本节课是高中阶段毒品预防专题教育课程的第二课，旨在让高中一年级学生认识毒品的危害及吸毒对个人未来发展的影响，提高学生对毒品的警惕性，明确个人行为的边界。另外，还要引导学生学会在学习和生活中树立正确的人生观和价值观，养成良好的行为习惯。本节课既是上一课"正确认识毒品"内容的延展，又为下一课"树立禁毒意识"相关知识的学习做铺垫。

（三）设计理念

本节课着眼于高中生毒品预防教育知识能力的要求，教学要求符合高中生的心理特点和学习特性。在教学过程中，要努力采用"用教材"而不是"教教材"的高效课堂模式。根据高中生的心理特点和思维能力，建议在教学过程中注重学生分析问题和解决问题能力的培养，体现"情商与智商和谐发展"的教学理念。

（四）教学目标、教学重点、教学难点

1. 教学目标

通过学习，学生能认清毒品的危害，以及吸毒对个人未来发展的影响，明确个人行为的边界，学会正确面对挫折和人生困境。

2. 教学重点

（1）毒品的危害和吸毒对个人未来发展的影响。

（2）明确个人行为的边界。

3. 教学难点

明确个人行为的边界。

（五）教学策略

采用讲授法、探究法和讨论法，并借助多媒体教学手段，通过视频、案例等材料发散学生的思维，充分调动学生的积极性，通过引导学生对材料进

行分析、对问题进行讨论,培养学生分析问题的能力,并能提出解决问题的思路。

(六)教学准备

视频资料、典型案例、多媒体课件。

(七)教学过程

1. 新课导入

根据课前学生观看的青少年毒品预防教育专题片《致青春(15—18岁)》,请同学以对毒品危害多重性的感受和理解为起点,谈一谈沾染毒品对个人未来发展的影响。

2. 师生互动

可以组织学生分组讨论毒品带来的影响,明确个人行为的边界。

课程思政:祖国发展进步离不开每一个中国人的努力,远离毒品是新时代中国人一生的目标。

3. 新课讲解

(1)毒品的多重危害,包括毒品危害个人身心健康、祸及家庭、危害社会,特别是危害国民经济发展。

(2)沾染毒品对个人未来发展的影响。

(3)正确面对挫折和人生困境,把握行为的边界。

(八)教学小结

对本节课的教学内容进行梳理、总结,特别强调拒绝毒品与个人未来发展的关系,把握行为的边界,明确吸毒会毁灭自己、祸及家庭、危害社会。

(九)课后作业

组织学生观看禁毒专题教育片《新型合成毒品之忧》《与死神共舞》《大凉山的呼唤》。

三、第三课"树立禁毒意识"教案样例(高二上)

(一)基本说明

教师根据实际情况填写教学时长、课时、授课班级、授课班级人数、教材等内容。

(二)教材分析

本节课是高中阶段毒品预防专题教育课程的第三课,旨在让高中二年级学生了解全球毒品问题的现状以及当前我国禁毒工作面临的形势,增强禁毒意识和社会责任感,将防毒、拒毒与社会责任结合起来,为下一课"禁毒行动我先行"相关内容的学习做铺垫。

(三)设计理念

本节课着眼于高中生学习毒品预防教育的阶段要求,符合高中生的心理特点和学习特性。在教学过程中,努力采用"用教材"而不是"教教材"的高效课堂模式。根据高中生心理特点和思维能力,建议在本节课的教学过程中注重家国情怀的培养。

(四)教学目标、教学重点、教学难点

1. 教学目标

通过学习,学生能了解全球毒品现状和毒品产地的分布;了解中国的毒品形势;明白禁毒责任的底线是自身不涉毒,责任的升华是以所学知识参与禁毒活动。

2. 教学重点

(1)从全球毒品形势再认识个体的禁毒责任。

(2)禁毒的责任底线和责任升华。

3. 教学难点

禁毒的责任底线和责任升华。

（五）教学策略

采用讲授法、探究法和讨论法，并借助多媒体教学手段，通过情境与问题的设置启发学生思考，充分调动学生的积极性，通过引导学生对材料进行分析、对问题进行讨论，培养学生研究问题和提出对策的能力。

（六）教学准备

视频资料、典型案例、多媒体课件等。

（七）教学过程

1. 新课导入

播放《湄公河行动》电影的片段，并展示全球毒品形势、中国毒品形势，以及当地毒品形势的有关资料，让学生对当前的毒品形势有一定的了解。通过讲解毒品形势，让学生认识到当前中国禁毒工作的紧迫性、艰巨性和长期性，认识到个体在禁毒行动中的责任。

2. 师生互动

教师讲解毒品犯罪案例的有关内容，引导学生讨论，提出问题：吸毒是不是个人的事？如何看待涉毒违法犯罪行为？引导学生明白禁毒责任的底线是自身不涉毒，责任的升华是以所学知识参与禁毒活动。

讨论"禁毒从我做起"的相关内容，提出问题：有人认为，禁毒仅仅是公安机关的事情，只要我不吸毒，禁毒便与我无关。真的是这样吗？

根据问题，学生分组讨论、交流后回答。

播放《缉毒警察》视频短片，提出问题：我可以为禁毒工作做些什么？

学生回答，教师总结。总结内容可以包括学习禁毒相关知识、禁毒政策、我国的禁毒法律法规，禁毒重在参与，亲友吸毒的解决办法等。

提出问题：在日常生活中，如果发现身边的亲人或朋友吸毒，你会怎么办？

学生发言，小组讨论并总结。

参考回答：不要一味批评指责，要多些包容；帮助亲友树立有毒必戒的决心；要寻求正规的戒毒机构的帮助，不能意气用事。

（八）教学小结

对本节课的教学内容进行梳理、总结，提醒学生：在高中阶段，要学会承担社会责任，禁绝毒品，就是中国公民承担社会责任的体现。作为社会的一员，要牢记——禁毒，势在必行；禁毒，从我做起！

（九）课后作业

推荐学生观看《湄公河大案》《破冰行动》等电视剧。

四、第四课"禁毒行动我先行"教案样例（高二下）

（一）基本说明

教师根据实际情况填写教学时长、课时、授课班级、授课班级人数、教材等内容。

（二）教材分析

本节课是高中阶段毒品预防专题教育课程的最后一课，旨在让高中二年级学生了解日常生活中暗藏的毒品风险，远离存在涉毒隐患的场所，积极参与禁毒工作，进一步提升社会责任感。本节课是前面三课内容的出发点和落脚点，也是这门课的意义所在。

（三）设计理念

本节课着眼于高中生毒品预防教育的阶段要求，教学要求符合高中生的心理特点和学习特性。在教学过程中，努力采用"用教材"而不是"教教材"的高效课堂模式。根据高中生的心理特点和思维能力，建议在本节课的教学过程中注重学生分析问题和解决问题能力的培养，体现出"情商与智商和谐发展"的新课程教学理念。

（四）教学目标、教学重点、教学难点

1. 教学目标

通过学习，学生能了解暗藏的毒品风险；学会识别涉毒人员；学会拒绝毒品侵扰；掌握发现可疑情况的处理办法；了解参与禁毒行动的方式。

2. 教学重点

学会识别涉毒人员和了解参与禁毒行动的方式。

3. 教学难点

学会识别涉毒人员和拒绝毒品侵扰。

（五）教学策略

采用讲授法、探究法、讨论法，并借助多媒体教学手段，通过情境与问题的设置发散学生的思维，充分调动学生的学习积极性，通过引导学生对材料的分析、对问题的讨论，培养学生分析问题和解决问题的能力。

（六）教学准备

多媒体课件、禁毒誓词。

（七）教学过程

1. 新课导入

情境导入，如：我们通过学习中国近代史可知，一百多年前，两场鸦片战争让中国社会遭受毒品的侵蚀。毒品残害的不只是吸毒者本身，而是整个社会。在当代，中国为缉毒工作牺牲的警察已超过了300名，他们不能被公开身份，我们不知道他们是谁，我们只知道之所以现世安好，是因为有人帮我们把黑暗挡在了外面。毒品给整个社会带来的危害不容忽视，在毒品面前永远没有灰色地带。对于毒品，我们只能有一种声音——坚决抵制。那么，作

为青少年,我们如何参与禁毒工作,我们可以做什么、应该做什么呢?

2. 新课讲解

(1)讨论:禁毒工作,我们可以做些什么?

行动1:远离暗藏毒品的场所

在日常生活中,容易暗藏毒品的场所有游戏厅、网吧、酒吧、夜总会等娱乐场所,"瘾君子"们常在上述地方聚众吸食毒品。随着互联网的发展,网络社交平台的兴起,特别是直播平台的流行,聚众染毒的场所还扩展到了网络虚拟平台。

行动2:学会识别涉毒人员

播放毒品预防教育宣传片或展示图片,教师讲解,把握吸毒人员的生理特征、精神特征和行为特征,学会识别涉毒人员,从而学会拒绝毒品的侵扰。

行动3:"拒毒过招"情景模拟

设计几个常遇到的拒毒场景,邀请学生上前进行模拟应对,然后让学生根据上述情景,讨论拒毒难在哪里,并点评最佳的应对方式。

教师总结:如何委婉而坚定地拒绝毒品,在非语言状态下如何准确而稳妥地表达拒绝。

行动4:发现涉毒违法犯罪行为如何妥善处理

高中生发现身边有人吸食毒品,要在第一时间离开现场,并及时告诉老师、家长;如果发现其他和毒品有关的线索,或者有毒贩或吸毒者威胁并逼迫吸毒时,一定不要被他们威吓住,要在确保自身安全的情况下,寻找机会拨打110报警,警察会迅速给予帮助。

(2)讨论:以"青春我做主,禁毒我先行"为主题,开展如何参与禁毒活动的讨论。

学生分组讨论,教师总结。

（八）教学小结

对本节课的教学内容进行梳理、总结。提醒高中生要肩负起防毒、拒毒的社会责任。禁毒行动我先行，高中生不但要学好禁毒知识，而且要积极地参与禁毒活动，通过参与形式多样的禁毒宣传活动，为增强全民，特别是青少年的禁毒意识，提高识毒、拒毒、防毒能力做贡献。

第六章

高中阶段教学设计

一、第一课"正确认识毒品"教学设计（高一上）

（一）教学前规划

1. 课标规划

通过对高中一年级学生进行毒品预防专题教育，让学生巩固初中学习的毒品知识，掌握毒品对人体的不同作用，并对毒品进行归纳和分类。应特别注意该年龄段学生的学习特性和学情分析。

2. 教材分析

本节课是高中阶段毒品预防专题教育课程的第一课，旨在让高中一年级学生从深度和广度上拓展对毒品的认识，掌握识毒、辨毒的能力，增强防毒、拒毒的意识，为下一课"毒品＝毁灭"的学习起铺垫作用。

3. 学情分析

主要从授课班级学生的生理特征、心理特点、认知特点、学习能力表现、学生的原生家庭状况进行综合分析，作出针对性更强、效率更高的教学设计。

4. 教学目标设计

引导学生根据毒品对人体的不同作用对毒品进行归纳和分类，学习毒品对人体的作用机理，认识成瘾性处方药，理解吸食毒品易成瘾这一特性。

（1）教学目标

①知识目标：理解毒品的定义和特征，了解毒品对人体的作用机理，掌握毒品的分类，熟悉成瘾性处方药。

②能力目标：学会转换思维，对毒品进行归纳和分类，能识别伪装后的毒品，培养自主学习、自主探究、搜集信息以及分析、归纳、总结的能力。

③情感、态度与价值观：培养识毒、知毒、拒毒的意识；学会全面看待和分析事物，培养辩证思维。

（2）教学的重点

毒品分类和毒品成瘾机理。

（3）教学的难点

毒品成瘾机理。

5. 教学策略

采用讲授法、讨论法、探究法，借助多种教学手段，提高学生的学习兴趣，启发学生进行学习思维转换，提高学习能力。

6. 教具准备

视频资料、多媒体课件等。

（二）教学过程把握

1. 教师活动

（1）案例导入：建议引用读本第2~3页"探究学习"中的"李明的故事"或其他青少年吸食毒品的案例，引出毒品的种类以及不同的毒品对人体的不同作用。

（2）聚焦教学内容，启发和引导学生对话题进行思考、讨论，并对内容进行梳理和总结。

2. 学生活动

听故事，观看视频，谈观后感。

3. 设计意图

创设情境,激发学生的学习兴趣,引出"正确认识毒品"的学习。

4. 教学活动建议

活动案例一:"毒品的定义、特征、分类并认识常见的毒品"讲授式教学设计

(1)教师活动:讲解毒品的定义、毒品的特征和毒品的分类等知识点时,适当结合吸食毒品的案例或毒品种类进行简单分析。结合图片介绍常见的毒品,在展示每一种毒品课件的同时,从别名、物理形态、毒害作用等角度进一步介绍。

(2)学生活动:在讲解过程中,对学生较为熟悉的毒品,如鸦片、冰毒、摇头丸、K粉等,进行师生互动,学生自由发言,教师只做补充。

(3)设计意图:引导学生学习毒品理论知识,完善学生对毒品的认识。鉴于学生在初中阶段或日常生活中对毒品有所了解,通过互动形式可以有针对性地让学生发现自己对毒品认识的不足之处,同时培养学生搜集信息以及分析、归纳、总结的能力。

活动案例二:"认识成瘾性处方药"互动探究式教学设计

根据读本第19~20页"探究学习"案例开展探究。

(1)教师活动:展示探究案例及问题,结合学生的回答进行点评,并讲解知识点。

(2)学生活动:小组合作,结合读本内容回答问题。

(3)设计意图:通过阅读读本内容,培养学生自主学习、自主探究的能力。

活动案例三:"识破毒品的伪装"师生互动式教学设计

(1)教师活动:引导学生观察图片并讲解。

(2)学生活动:结合图片辨别伪装后的毒品,观察这些毒品与日常生活中的零食、饮料的异同。

(3)设计意图:培养学生的观察能力。

活动案例四：游戏

（1）教师活动：准备好毒品的图片，附上简单文字描述，随机展示。

（2）学生活动：抢答毒品的名称和类别。

（3）设计意图：对学生掌握的知识进行检测。

5. 教学小结

对本节课的教学内容进行梳理、总结，帮助学生提高学习效率。

（三）教学反思

1. 评价本节课教学设计的实施情况

（1）学生对学习效果的评价，可以通过课后的调查问卷或问答获得。

（2）教师对自身教学效果进行评价，写出教学设计实施的心得和体会，结合实际进行总结。

2. 对教学设计的评价

评价教学设计的优缺点，并进行修改、补充和完善。

二、第二课"毒品＝毁灭"教学设计（高一下）

（一）教学前规划

1. 课标规划

通过对高中一年级学生进行毒品预防专题教育，让学生懂得选择毒品就是选择自我毁灭。学会认清毒品诱惑的陷阱，学会正确对待人生的困境和挫折，不管遇到什么情况，都能坚决向毒品说"不"。

2. 教材分析

本节课是高中阶段毒品预防专题教育课程的第二课，旨在让高中一年级学生学会分析毒品的危害，知晓吸毒对个人未来发展的影响，提高学生对毒品的警惕性，明确个人行为的边界。另外，还要引导高中生养成良好的行为习惯，树立正确的人生观、价值观。本节课既是上一课"正确认识毒品"内容的延展，又为下一课"树立禁毒意识"相关知识的学习做铺垫。

3. 学情分析

主要从授课班级学生的生理特征、心理特点、认知特点、学习能力表现、学生的原生家庭情况进行综合分析，特别关注教学对象的亲人或朋友是否有吸毒经历，以便作出针对性更强、效率更高的教学设计。

4. 教学目标设计

（1）教学目标

①知识目标：理解毒品的多层次危害，以及吸毒对个人未来发展的影响。

②能力目标：培养学生的是非判断力、分析问题和解决问题的能力，提高学生对毒品的警惕性，明确个人行为的边界。

③情感、态度与价值观：培养珍爱生命的意识，培养正确的人生观，学会正确对待人生困境和挫折；提高辨别毒品的能力和自我约束能力，自觉抵制不良行为。

（2）教学重点

毒品的危害及吸毒对个人未来发展的影响；明确个人行为的边界。

（3）教学难点

明确个人行为的边界。

5. 教学策略

运用多种教学方法，充分调动学生参与教学过程的积极性，引导学生对材料进行分析、对问题进行讨论，培养学生分析问题和解决问题的能力。

6. 教具准备

视频资料、典型案例、多媒体课件。

（二）教学过程把握

1. 教师活动

（1）以禁毒教育专题片《致青春（15—18岁）》为导入，引导学生对毒品的危害性进行课前思考。

（2）聚焦教学内容，启发和引导学生讨论、思考，并对讨论的内容进行梳理和总结。

2. 学生活动

学生分组讨论，小组代表发言。

3. 设计意图

创设情境，激发学生学习兴趣，使学生充分认识毒品的多层次危害。

4. 教学活动建议

活动案例一："毁灭自己"讨论式教学设计

（1）教师活动：引导学生通过案例，讨论毒品对个人危害的具体表现，以及吸毒对个人未来发展产生的影响，对学生讨论的结果进行梳理。

（2）学生活动：根据教师的引导，观察、思考与讨论。

（3）设计意图：培养学生分析问题的能力。毒品危害个人身体健康，我国2016年发布的《"健康中国2030"规划纲要》明确提出普及健康生活的任务，减少烟草、酒精、毒品等健康危害是其中的重要内容。本设计将从行动纲领提出的内容出发，引导学生通过对案例讨论、分析，发现其中与行动纲领相冲突的地方。

活动案例二："危害社会"探究式教学设计

（1）教师活动：引导学生对吸毒后肇事肇祸的案例以及中国近代史关于鸦片战争的内容进行分析，讨论毒品对社会造成的危害（包括当前危害和长远危害），对学生讨论的结果进行梳理。

（2）学生活动：根据教师的引导，观察、思考与讨论。

（3）设计意图：培养学生收集整理信息的能力、分析问题和处理问题的能力以及表达能力。通过讨论，使学生充分认识到禁绝毒品是事关国家安危、民族兴衰、人民福祉的大事。

活动案例三:"正确应对人生困境和挫折"启发式教学设计

(1)教师活动:提出问题,引导学生思考和讨论,并对学生的讨论结果进行归纳、总结、指导。

(2)学生活动:分组讨论如何化解在学习、生活中遇到的不顺心、不愉快的事。

(3)设计意图:启发式教学不是一种教学方法,而是多种教学方法的集合。这样的设计是让学生带着问题探究教学内容。在课堂结束时留给学生一些问题,让其在实践或讨论中思考问题、解决问题。该活动出自《中小学生毒品预防专题教育大纲》"高中:毒品预防专题教育内容标准"的"教学活动建议",引发学生对人生观、世界观进行思考,使他们懂得选择毒品就是自我毁灭,学会向毒品说"不"。活动在于培养学生收集整理信息的能力、分析问题和处理问题的能力以及表达能力,充分认识到生命的意义,树立正确的人生观和价值观。

5. 教学小结

对本节课的教学内容进行梳理、总结,帮助学生提高学习效率。

(三)教学反思

1. 评价本节课教学设计的实施情况

(1)学生对学习效果的评价,可以通过课后的调查问卷或问答获得。

(2)教师对自身教学效果进行评价,写出教学设计实施的心得和体会,结合实际进行总结。

2. 对教学设计的评价

评价教学设计的优缺点,并进行修改、补充和完善。

三、第三课"树立禁毒意识"教学设计（高二上）

（一）教学前规划

1. 课标规划

通过对高中二年级学生进行毒品预防专题教育，让学生了解当前禁毒工作面临的形势，引导学生从自身做起，增强禁毒意识和社会责任感。

2. 教材分析

本节课是高中阶段毒品预防专题教育课程的第三课，旨在让高中二年级学生了解全球毒品现状以及当前我国禁毒工作面临的形势，增强学生的禁毒意识和社会责任感，为下一课"禁毒行动我先行"相关内容的学习做铺垫。

3. 学情分析

主要从授课班级学生的生理特征、心理特点、认知特点、学习能力表现、学生的原生家庭状况进行综合分析，特别关注教学对象的亲人或朋友是否有吸毒的经历，以便作出针对性更强、效率更高的教学设计。

4. 教学目标设计

（1）教学目标

①知识目标：了解全球毒品现状和毒品产地分布；了解当前禁毒工作面临的形势，明白禁毒形势严峻是全球面临的共同问题。

②能力目标：根据学习的禁毒相关法律法规分析涉毒行为的法律后果，培养学生自主学习、自主探究、分析问题和处理问题的能力。

③情感、态度与价值观：明白禁毒责任的底线是自身不涉毒，责任的升华是以所学知识参与禁毒，培养学生的社会责任感。

（2）教学重点

从毒品形势认识个体的禁毒责任；禁毒责任的底线是自身不涉毒，责任的升华是以自身所学知识参与禁毒活动。

(3)教学难点

禁毒的责任底线和责任升华。

5. 教学策略

运用多种教学方法，充分调动学生参与教学过程的积极性，引导学生对材料进行分析和讨论，培养学生分析问题和解决问题的能力。

6. 教具准备

相关视频资料（如禁毒宣传片）、多媒体课件等。

（二）教学过程把握

1. 教师活动

利用案例或视频导入，如播放《湄公河行动》电影片段，或展示全球毒品形势报告、中国毒品形势报告的内容，引出当前毒品形势的严峻情况，以及高中生禁毒责任的问题；也可以聚焦教学内容，启发和引导学生讨论，引导学生对讨论话题的思考，对讨论的内容进行梳理和总结。

2. 学生活动

观看视频，认真思考和讨论问题。

3. 设计意图

创设情境，激发学生的学习兴趣，同时也为本节课的教学内容做铺垫。

4. 教学活动建议

活动案例一："全球毒品现状"讲授式教学设计

（1）教师活动：结合近三年的世界毒品问题报告相关数据的变化情况、近三年中国毒品形势报告相关数据，引导学生分析全球和中国面临的毒品形势。

（2）学生活动：根据数据，分析禁毒形势严峻的原因，认清国家面临的禁毒形势以及禁毒工作的紧迫性、艰巨性和长期性。

（3）设计意图：通过数据、毒品产地分布图，让学生直观、感性地了解当前全球毒品形势的严峻性，明确个人应当承担的禁毒责任。

活动案例二:"毒品犯罪"案例式教学设计

展示案例:某天,21岁的陆小姐约5位朋友到家做客。酒足饭饱之后,陆小姐和这5位朋友打开音响,播放音乐,兴奋地蹦起迪来。一阵狂舞后,有人从背包中取出"奶茶粉"冲泡给大家喝,几个人争先恐后地喝了下去。因为音乐声很吵,影响了邻居,于是邻居报了警。警察到后,发现陆小姐的朋友所喝的"奶茶"是毒品,6人随后被警察逮捕。案发后,喝"奶茶"的人根据不同情况分别进行了强制隔离戒毒和社区戒毒,而没有喝"奶茶"的陆小姐却被判了刑。请分析:

①陆小姐没有喝"奶茶",为什么也被判了刑?

②陆小姐犯了什么罪?

(1)教师活动:展示案例,指导学生阅读,提出问题,并对学生的回答进行梳理和补充。教师解答的要点在于,为他人提供吸毒的活动场所也会受到法律处罚。《中华人民共和国刑法》第三百五十四条规定:容留他人吸食、注射毒品的,处三年以下有期徒刑、拘役或者管制,并处罚金。陆小姐犯了容留他人吸毒罪。

(2)学生活动:分析案例。

(3)设计意图:通过分析案例,巩固所学的关于毒品犯罪的法律法规,强化对法律知识的理解。

(三)教学反思

1. 评价本节课教学设计的实施情况

(1)学生对学习效果的评价,可以通过课后的调查问卷或问答获得。

(2)教师对自身教学效果进行评价,写出教学设计实施的心得和体会,结合实际进行总结。

2. 对教学设计的评价

评价教学设计的优缺点,并进行修改、补充和完善。

四、第四课"禁毒行动我先行"教学设计(高二下)

(一)教学前规划

1. 课标规划

通过对高中二年级学生进行毒品预防专题教育,让学生了解日常生活中暗藏的毒品风险,学会识别涉毒人员,并学会拒绝毒品,积极参与禁毒活动,提升社会责任感。教师应特别注意根据该年龄段学生的学习能力特征进行学情分析。

2. 教材分析

本节课是高中阶段毒品预防专题教育课程的最后一课,是前面三课内容的落脚点,是引导学生从学习禁毒知识到自主参与禁毒实践的重点课程。通过学习让高中二年级学生了解日常生活中暗藏的毒品风险,远离存在涉毒隐患的场所,提升防范毒品的能力,引导学生学习拒止行为。本课是前面所有课程的升华,旨在让高中生更全面地了解当前禁毒工作面临的形势,增强学生的禁毒意识和社会责任感。

3. 学情分析

主要从授课班级学生的心理特点、认知特点、理论联系实际的能力、分析能力、学生的原生家庭状况进行综合分析,以便作出提升学生实践能力的针对性更强、效率更高的教学设计。

4. 教学目标设计

(1)教学目标

①知识目标:了解高中生应该承担的禁毒社会责任,了解高中生参与禁毒活动的方式方法。

②能力目标:提高学生参与禁毒活动的主观能动性。

③情感、态度与价值观:提高学生自身的禁毒意识,在情感和态度上形成"人人禁毒,我先出发"的观念。

（2）教学重点

识别涉毒人员；远离涉毒高风险场所；了解参与禁毒活动的方式方法，积极参与禁毒活动。

（3）教学难点

引导学生积极参与禁毒活动。

5. 教学策略

采用讲授法、讨论法等教学方法，运用多媒体教学手段，发散学生思维，提高学生的学习积极性，引导学生主动分析材料、讨论问题，并提出解决思路。建议针对不同情况，以小组探究讨论的形式开展教学，让学生就当前禁毒形势进行思考，集中针对材料发表不同意见并进行整合，达到从认识到实践跨越的目标。

6. 教具准备

典型案例、视频资料、图片资料、多媒体课件等。

（二）教学过程把握

1. 教师活动

回顾中国禁毒史，从毒品给中华民族带来的深重灾难反思当前每个中国公民应当承担的禁毒责任。教师可以让学生梳理禁毒史的时间轴，也可以通过提问禁毒史的相关问题进行回顾，由此引导学生认识到学习禁毒知识对自身安全、健康成长的重要性。学习防毒、拒毒知识，首先要学会识别涉毒人员，远离涉毒高风险场所，其次要明确禁毒是全体公民共同的责任和义务，要积极参与禁毒活动，共筑防毒"长城"，还可以组织学生参与户外禁毒宣传活动，让学生从活动中培养承担禁毒责任的使命感。

2. 学生活动

梳理禁毒史的时间轴，明确涉毒高风险场所，培养社会责任感和禁毒使命感，积极参与禁毒活动。

3. 设计意图

以多种活动形式激发学生的学习兴趣。

4. 教学活动建议

活动案例："禁毒行动我先行"快闪活动

（1）活动目的：以"快闪"的活动方式向大众传递"远离毒品、健康生活、绿色人生"的理念，让社会上更多的人更全面地认识毒品，提高对毒品的警惕性。

（2）活动场地：室外人员流动较多的广场、公园等地。

（3）活动准备：

①活动内容准备：学生提前准备防毒拒毒的方法、健康的生活娱乐方式等内容，到"快闪"现场向过路群众宣传禁毒知识。

②活动教具准备：移动多媒体设备、禁毒海报及展板、互动道具。

③活动实施计划：快速布置好场地后，循环播放热门歌曲吸引群众驻足围观，并参与学生设计的自发活动。

（4）活动意图：以"快闪"的活动方式进行教学，既着眼于当今社会毒品预防教育知识能力要求需要，又立足于都市快节奏生活，符合当前人民群众的喜好取向。高中生在准备"快闪"活动的过程中，需要对自己学习过的毒品知识、识毒防毒拒毒技巧进行回顾，这对学生来说是一个主动梳理知识的过程。

走出校门开展禁毒宣传，是中学生承担公民责任的初尝试，中学生可以在活动设计、活动实施过程中感受禁毒宣传的责任。为了使"快闪"活动取得良好效果，以禁毒知识结合流行元素，在人流量大的地方开展活动，传播禁毒知识和绿色健康的生活方式，有助于在社会上形成浓厚的禁毒氛围。

课堂思政：禁毒斗争要取得伟大胜利离不开我们所有人的努力。

5. 教学小结

对本节课的教学内容进行梳理、总结,帮助学生提高学习效率。

(三)教学反思

1. 评价本节课教学设计的实施情况

(1)学生对学习效果的评价,可以通过课后的调查问卷或问答获得。

(2)教师对自身教学效果进行评价,写出教学设计实施的心得和体会,结合实际进行总结。

2. 对教学设计的评价

评价教学设计的优缺点,并进行修改、补充和完善。

附录

附录1：禁毒相关法律法规

中华人民共和国刑法（节选）

第六章　妨碍社会管理秩序罪

第七节　走私、贩卖、运输、制造毒品罪

第三百四十七条　走私、贩卖、运输、制造毒品罪

走私、贩卖、运输、制造毒品，无论数量多少，都应当追究刑事责任，予以刑事处罚。

走私、贩卖、运输、制造毒品，有下列情形之一的，处十五年有期徒刑、无期徒刑或者死刑，并处没收财产：

（一）走私、贩卖、运输、制造鸦片一千克以上、海洛因或者甲基苯丙胺五十克以上或者其他毒品数量大的；

（二）走私、贩卖、运输、制造毒品集团的首要分子；

（三）武装掩护走私、贩卖、运输、制造毒品的；

（四）以暴力抗拒检查、拘留、逮捕，情节严重的；

（五）参与有组织的国际贩毒活动的。

走私、贩卖、运输、制造鸦片二百克以上不满一千克、海洛因或者甲基苯丙胺十克以上不满五十克或者其他毒品数量较大的，处七年以上有期徒刑，并处罚金。

走私、贩卖、运输、制造鸦片不满二百克、海洛因或者甲基苯丙胺不满

十克或者其他少量毒品的，处三年以下有期徒刑、拘役或者管制，并处罚金；情节严重的，处三年以上七年以下有期徒刑，并处罚金。

单位犯第二款、第三款、第四款罪的，对单位判处罚金，并对其直接负责的主管人员和其他直接责任人员，依照各该款的规定处罚。

利用、教唆未成年人走私、贩卖、运输、制造毒品，或者向未成年人出售毒品的，从重处罚。

对多次走私、贩卖、运输、制造毒品，未经处理的，毒品数量累计计算。

第三百四十八条　非法持有毒品罪

非法持有鸦片一千克以上、海洛因或者甲基苯丙胺五十克以上或者其他毒品数量大的，处七年以上有期徒刑或者无期徒刑，并处罚金；非法持有鸦片二百克以上不满一千克、海洛因或者甲基苯丙胺十克以上不满五十克或者其他毒品数量较大的，处三年以下有期徒刑、拘役或者管制，并处罚金；情节严重的，处三年以上七年以下有期徒刑，并处罚金。

第三百四十九条　包庇毒品犯罪分子罪，窝藏、转移、隐瞒毒品、毒赃罪

包庇走私、贩卖、运输、制造毒品的犯罪分子的，为犯罪分子窝藏、转移、隐瞒毒品或者犯罪所得的财物的，处三年以下有期徒刑、拘役或者管制；情节严重的，处三年以上十年以下有期徒刑。

缉毒人员或者其他国家机关工作人员掩护、包庇走私、贩卖、运输、制造毒品的犯罪分子的，依照前款的规定从重处罚。

犯前两款罪，事先通谋的，以走私、贩卖、运输、制造毒品罪的共犯论处。

第三百五十条　非法生产、买卖、运输制毒物品、走私制毒物品罪

违反国家规定，非法生产、买卖、运输醋酸酐、乙醚、三氯甲烷或者其他用于制造毒品的原料、配剂，或者携带上述物品进出境，情节较重的，处三年以下有期徒刑、拘役或者管制，并处罚金；情节严重的，处三年以上七年以下有期徒刑，并处罚金；情节特别严重的，处七年以上有期徒刑，并处罚金或者没收财产。

明知他人制造毒品而为其生产、买卖、运输前款规定的物品的，以制造毒品罪的共犯论处。

单位犯前两款罪的，对单位判处罚金，并对其直接负责的主管人员和其他直接责任人员，依照前两款的规定处罚。

第三百五十一条　非法种植毒品原植物罪

非法种植罂粟、大麻等毒品原植物的，一律强制铲除。有下列情形之一的，处五年以下有期徒刑、拘役或者管制，并处罚金：

（一）种植罂粟五百株以上不满三千株或者其他毒品原植物数量较大的；

（二）经公安机关处理后又种植的；

（三）抗拒铲除的。

非法种植罂粟三千株以上或者其他毒品原植物数量大的，处五年以上有期徒刑，并处罚金或者没收财产。

非法种植罂粟或者其他毒品原植物，在收获前自动铲除的，可以免除处罚。

第三百五十二条　非法买卖、运输、携带、持有毒品原植物种子、幼苗罪

非法买卖、运输、携带、持有未经灭活的罂粟等毒品原植物种子或者幼苗，数量较大的，处三年以下有期徒刑、拘役或者管制，并处或者单处罚金。

第三百五十三条　引诱、教唆、欺骗他人吸毒罪

引诱、教唆、欺骗他人吸食、注射毒品的，处三年以下有期徒刑、拘役或者管制，并处罚金；情节严重的，处三年以上七年以下有期徒刑，并处罚金。

强迫他人吸毒罪 强迫他人吸食、注射毒品的，处三年以上十年以下有期徒刑，并处罚金。

引诱、教唆、欺骗或者强迫未成年人吸食、注射毒品的，从重处罚。

第三百五十四条　容留他人吸毒罪

容留他人吸食、注射毒品的，处三年以下有期徒刑、拘役或者管制，并处罚金。

第三百五十五条　非法提供麻醉药品、精神药品罪

依法从事生产、运输、管理、使用国家管制的麻醉药品、精神药品的人员，违反国家规定，向吸食、注射毒品的人提供国家规定管制的能够使人形成瘾癖的麻醉药品、精神药品的，处三年以下有期徒刑或者拘役，并处罚金；情节严重的，处三年以上七年以下有期徒刑，并处罚金。向走私、贩卖毒品的犯罪分子或者以牟利为目的，向吸食、注射毒品的人提供国家规定管制的能够使人形成瘾癖的麻醉药品、精神药品的，依照本法第三百四十七条的规定定罪处罚。

单位犯前款罪的，对单位判处罚金，并对其直接负责的主管人员和其他直接责任人员，依照前款的规定处罚。

第三百五十六条　毒品犯罪的再犯

因走私、贩卖、运输、制造、非法持有毒品罪被判过刑，又犯本节规定之罪的，从重处罚。

第三百五十七条　毒品的范围及毒品数量的计算

本法所称的毒品，是指鸦片、海洛因、甲基苯丙胺（冰毒）、吗啡、大麻、可卡因以及国家规定管制的其他能够使人形成瘾癖的麻醉药品和精神药品。

毒品的数量以查证属实的走私、贩卖、运输、制造、非法持有毒品的数量计算，不以纯度折算。

中华人民共和国禁毒法

第一章 总 则

第一条 为了预防和惩治毒品违法犯罪行为，保护公民身心健康，维护社会秩序，制定本法。

第二条 本法所称毒品，是指鸦片、海洛因、甲基苯丙胺（冰毒）、吗啡、大麻、可卡因，以及国家规定管制的其他能够使人形成瘾癖的麻醉药品和精神药品。

根据医疗、教学、科研的需要，依法可以生产、经营、使用、储存、运输麻醉药品和精神药品。

第三条 禁毒是全社会的共同责任。国家机关、社会团体、企业事业单位以及其他组织和公民，应当依照本法和有关法律的规定，履行禁毒职责或者义务。

第四条 禁毒工作实行预防为主，综合治理，禁种、禁制、禁贩、禁吸并举的方针。

禁毒工作实行政府统一领导，有关部门各负其责，社会广泛参与的工作机制。

第五条 国务院设立国家禁毒委员会，负责组织、协调、指导全国的禁毒工作。

县级以上地方各级人民政府根据禁毒工作的需要，可以设立禁毒委员会，负责组织、协调、指导本行政区域内的禁毒工作。

第六条 县级以上各级人民政府应当将禁毒工作纳入国民经济和社会发展规划，并将禁毒经费列入本级财政预算。

第七条 国家鼓励对禁毒工作的社会捐赠，并依法给予税收优惠。

第八条 国家鼓励开展禁毒科学技术研究，推广先进的缉毒技术、装备和戒毒方法。

第九条 国家鼓励公民举报毒品违法犯罪行为。各级人民政府和有关部门应当对举报人予以保护，对举报有功人员以及在禁毒工作中有突出贡献的单位和个人，给予表彰和奖励。

第十条 国家鼓励志愿人员参与禁毒宣传教育和戒毒社会服务工作。地方各级人民政府应当对志愿人员进行指导、培训，并提供必要的工作条件。

第二章　禁毒宣传教育

第十一条 国家采取各种形式开展全民禁毒宣传教育，普及毒品预防知识，增强公民的禁毒意识，提高公民自觉抵制毒品的能力。

国家鼓励公民、组织开展公益性的禁毒宣传活动。

第十二条 各级人民政府应当经常组织开展多种形式的禁毒宣传教育。

工会、共产主义青年团、妇女联合会应当结合各自工作对象的特点，组织开展禁毒宣传教育。

第十三条 教育行政部门、学校应当将禁毒知识纳入教育、教学内容，对学生进行禁毒宣传教育。公安机关、司法行政部门和卫生行政部门应当予以协助。

第十四条 新闻、出版、文化、广播、电影、电视等有关单位，应当有针对性地面向社会进行禁毒宣传教育。

第十五条 飞机场、火车站、长途汽车站、码头以及旅店、娱乐场所等公共场所的经营者、管理者，负责本场所的禁毒宣传教育，落实禁毒防范措施，预防毒品违法犯罪行为在本场所内发生。

第十六条 国家机关、社会团体、企业事业单位以及其他组织，应当加强对本单位人员的禁毒宣传教育。

第十七条 居民委员会、村民委员会应当协助人民政府以及公安机关等部门，加强禁毒宣传教育，落实禁毒防范措施。

第十八条 未成年人的父母或者其他监护人应当对未成年人进行毒品危害的教育，防止其吸食、注射毒品或者进行其他毒品违法犯罪活动。

第三章　毒品管制

第十九条 国家对麻醉药品药用原植物种植实行管制。禁止非法种植罂粟、古柯植物、大麻植物以及国家规定管制的可以用于提炼加工毒品的其他原植物。禁止走私或者非法买卖、运输、携带、持有未经灭活的毒品原植物种子或者幼苗。

地方各级人民政府发现非法种植毒品原植物的，应当立即采取措施予以制止、铲除。村民委员会、居民委员会发现非法种植毒品原植物的，应当及时予以制止、铲除，并向当地公安机关报告。

第二十条 国家确定的麻醉药品药用原植物种植企业，必须按照国家有关规定种植麻醉药品药用原植物。

国家确定的麻醉药品药用原植物种植企业的提取加工场所，以及国家设立的麻醉药品储存仓库，列为国家重点警戒目标。

未经许可，擅自进入国家确定的麻醉药品药用原植物种植企业的提取加工场所或者国家设立的麻醉药品储存仓库等警戒区域的，由警戒人员责令其立即离开；拒不离开的，强行带离现场。

第二十一条 国家对麻醉药品和精神药品实行管制，对麻醉药品和精神药品的实验研究、生产、经营、使用、储存、运输实行许可和查验制度。

国家对易制毒化学品的生产、经营、购买、运输实行许可制度。

禁止非法生产、买卖、运输、储存、提供、持有、使用麻醉药品、精神药品和易制毒化学品。

第二十二条 国家对麻醉药品、精神药品和易制毒化学品的进口、出口实行许可制度。国务院有关部门应当按照规定的职责，对进口、出口麻醉药品、精神药品和易制毒化学品依法进行管理。禁止走私麻醉药品、精神药品和易制毒化学品。

第二十三条 发生麻醉药品、精神药品和易制毒化学品被盗、被抢、丢失或者其他流入非法渠道的情形，案发单位应当立即采取必要的控制措施，并立即向公安机关报告，同时依照规定向有关主管部门报告。

公安机关接到报告后，或者有证据证明麻醉药品、精神药品和易制毒化学品可能流入非法渠道的，应当及时开展调查，并可以对相关单位采取必要的控制措施。药品监督管理部门、卫生行政部门以及其他有关部门应当配合公安机关开展工作。

第二十四条 禁止非法传授麻醉药品、精神药品和易制毒化学品的制造方法。公安机关接到举报或者发现非法传授麻醉药品、精神药品和易制毒化学品制造方法的，应当及时依法查处。

第二十五条 麻醉药品、精神药品和易制毒化学品管理的具体办法，由国务院规定。

第二十六条 公安机关根据查缉毒品的需要，可以在边境地区、交通要道、口岸以及飞机场、火车站、长途汽车站、码头对来往人员、物品、货物以及交通工具进行毒品和易制毒化学品检查，民航、铁路、交通部门应当予以配合。

海关应当依法加强对进出口岸的人员、物品、货物和运输工具的检查，防止走私毒品和易制毒化学品。

邮政企业应当依法加强对邮件的检查，防止邮寄毒品和非法邮寄易制毒化学品。

第二十七条　娱乐场所应当建立巡查制度，发现娱乐场所内有毒品违法犯罪活动的，应当立即向公安机关报告。

第二十八条　对依法查获的毒品，吸食、注射毒品的用具，毒品违法犯罪的非法所得及其收益，以及直接用于实施毒品违法犯罪行为的本人所有的工具、设备、资金，应当收缴，依照规定处理。

第二十九条　反洗钱行政主管部门应当依法加强对可疑毒品犯罪资金的监测。反洗钱行政主管部门和其他依法负有反洗钱监督管理职责的部门、机构发现涉嫌毒品犯罪的资金流动情况，应当及时向侦查机关报告，并配合侦查机关做好侦查、调查工作。

第三十条　国家建立健全毒品监测和禁毒信息系统，开展毒品监测和禁毒信息的收集、分析、使用、交流工作。

第四章　戒毒措施

第三十一条　国家采取各种措施帮助吸毒人员戒除毒瘾，教育和挽救吸毒人员。

吸毒成瘾人员应当进行戒毒治疗。

吸毒成瘾的认定办法，由国务院卫生行政部门、药品监督管理部门、公安部门规定。

第三十二条　公安机关可以对涉嫌吸毒的人员进行必要的检测，被检测人员应当予以配合；对拒绝接受检测的，经县级以上人民政府公安机关或者其派出机构负责人批准，可以强制检测。

公安机关应当对吸毒人员进行登记。

第三十三条　对吸毒成瘾人员，公安机关可以责令其接受社区戒毒，同时通知吸毒人员户籍所在地或者现居住地的城市街道办事处、乡镇人民政府。社区戒毒的期限为三年。

戒毒人员应当在户籍所在地接受社区戒毒；在户籍所在地以外的现居住地有固定住所的，可以在现居住地接受社区戒毒。

第三十四条 城市街道办事处、乡镇人民政府负责社区戒毒工作。城市街道办事处、乡镇人民政府可以指定有关基层组织，根据戒毒人员本人和家庭情况，与戒毒人员签订社区戒毒协议，落实有针对性的社区戒毒措施。公安机关和司法行政、卫生行政、民政等部门应当对社区戒毒工作提供指导和协助。

城市街道办事处、乡镇人民政府，以及县级人民政府劳动行政部门对无职业且缺乏就业能力的戒毒人员，应当提供必要的职业技能培训、就业指导和就业援助。

第三十五条 接受社区戒毒的戒毒人员应当遵守法律、法规，自觉履行社区戒毒协议，并根据公安机关的要求，定期接受检测。

对违反社区戒毒协议的戒毒人员，参与社区戒毒的工作人员应当进行批评、教育；对严重违反社区戒毒协议或者在社区戒毒期间又吸食、注射毒品的，应当及时向公安机关报告。

第三十六条 吸毒人员可以自行到具有戒毒治疗资质的医疗机构接受戒毒治疗。

设置戒毒医疗机构或者医疗机构从事戒毒治疗业务的，应当符合国务院卫生行政部门规定的条件，报所在地的省、自治区、直辖市人民政府卫生行政部门批准，并报同级公安机关备案。戒毒治疗应当遵守国务院卫生行政部门制定的戒毒治疗规范，接受卫生行政部门的监督检查。

戒毒治疗不得以营利为目的。戒毒治疗的药品、医疗器械和治疗方法不得做广告。戒毒治疗收取费用的，应当按照省、自治区、直辖市人民政府价格主管部门会同卫生行政部门制定的收费标准执行。

第三十七条　医疗机构根据戒毒治疗的需要，可以对接受戒毒治疗的戒毒人员进行身体和所携带物品的检查；对在治疗期间有人身危险的，可以采取必要的临时保护性约束措施。

发现接受戒毒治疗的戒毒人员在治疗期间吸食、注射毒品的，医疗机构应当及时向公安机关报告。

第三十八条　吸毒成瘾人员有下列情形之一的，由县级以上人民政府公安机关作出强制隔离戒毒的决定：

（一）拒绝接受社区戒毒的；

（二）在社区戒毒期间吸食、注射毒品的；

（三）严重违反社区戒毒协议的；

（四）经社区戒毒、强制隔离戒毒后再次吸食、注射毒品的。

对于吸毒成瘾严重，通过社区戒毒难以戒除毒瘾的人员，公安机关可以直接作出强制隔离戒毒的决定。

吸毒成瘾人员自愿接受强制隔离戒毒的，经公安机关同意，可以进入强制隔离戒毒场所戒毒。

第三十九条　怀孕或者正在哺乳自己不满一周岁婴儿的妇女吸毒成瘾的，不适用强制隔离戒毒。不满十六周岁的未成年人吸毒成瘾的，可以不适用强制隔离戒毒。

对依照前款规定不适用强制隔离戒毒的吸毒成瘾人员，依照本法规定进行社区戒毒，由负责社区戒毒工作的城市街道办事处、乡镇人民政府加强帮助、教育和监督，督促落实社区戒毒措施。

第四十条　公安机关对吸毒成瘾人员决定予以强制隔离戒毒的，应当制作强制隔离戒毒决定书，在执行强制隔离戒毒前送达被决定人，并在送达后二十四小时以内通知被决定人的家属、所在单位和户籍所在地公安派出所；

被决定人不讲真实姓名、住址，身份不明的，公安机关应当自查清其身份后通知。

被决定人对公安机关作出的强制隔离戒毒决定不服的，可以依法申请行政复议或者提起行政诉讼。

第四十一条 对被决定予以强制隔离戒毒的人员，由作出决定的公安机关送强制隔离戒毒场所执行。

强制隔离戒毒场所的设置、管理体制和经费保障，由国务院规定。

第四十二条 戒毒人员进入强制隔离戒毒场所戒毒时，应当接受对其身体和所携带物品的检查。

第四十三条 强制隔离戒毒场所应当根据戒毒人员吸食、注射毒品的种类及成瘾程度等，对戒毒人员进行有针对性的生理、心理治疗和身体康复训练。

根据戒毒的需要，强制隔离戒毒场所可以组织戒毒人员参加必要的生产劳动，对戒毒人员进行职业技能培训。组织戒毒人员参加生产劳动的，应当支付劳动报酬。

第四十四条 强制隔离戒毒场所应当根据戒毒人员的性别、年龄、患病等情况，对戒毒人员实行分别管理。

强制隔离戒毒场所对有严重残疾或者疾病的戒毒人员，应当给予必要的看护和治疗；对患有传染病的戒毒人员，应当依法采取必要的隔离、治疗措施；对可能发生自伤、自残等情形的戒毒人员，可以采取相应的保护性约束措施。

强制隔离戒毒场所管理人员不得体罚、虐待或者侮辱戒毒人员。

第四十五条 强制隔离戒毒场所应当根据戒毒治疗的需要配备执业医师。强制隔离戒毒场所的执业医师具有麻醉药品和精神药品处方权的，可以按照有关技术规范对戒毒人员使用麻醉药品、精神药品。

卫生行政部门应当加强对强制隔离戒毒场所执业医师的业务指导和监督管理。

第四十六条 戒毒人员的亲属和所在单位或者就读学校的工作人员，可以按照有关规定探访戒毒人员。戒毒人员经强制隔离戒毒场所批准，可以外出探视配偶、直系亲属。

强制隔离戒毒场所管理人员应当对强制隔离戒毒场所以外的人员交给戒毒人员的物品和邮件进行检查，防止夹带毒品。在检查邮件时，应当依法保护戒毒人员的通信自由和通信秘密。

第四十七条 强制隔离戒毒的期限为二年。

执行强制隔离戒毒一年后，经诊断评估，对于戒毒情况良好的戒毒人员，强制隔离戒毒场所可以提出提前解除强制隔离戒毒的意见，报强制隔离戒毒的决定机关批准。

强制隔离戒毒期满前，经诊断评估，对于需要延长戒毒期限的戒毒人员，由强制隔离戒毒场所提出延长戒毒期限的意见，报强制隔离戒毒的决定机关批准。强制隔离戒毒的期限最长可以延长一年。

第四十八条 对于被解除强制隔离戒毒的人员，强制隔离戒毒的决定机关可以责令其接受不超过三年的社区康复。

社区康复参照本法关于社区戒毒的规定实施。

第四十九条 县级以上地方各级人民政府根据戒毒工作的需要，可以开办戒毒康复场所；对社会力量依法开办的公益性戒毒康复场所应当给予扶持，提供必要的便利和帮助。

戒毒人员可以自愿在戒毒康复场所生活、劳动。戒毒康复场所组织戒毒人员参加生产劳动的，应当参照国家劳动用工制度的规定支付劳动报酬。

第五十条 公安机关、司法行政部门对被依法拘留、逮捕、收监执行刑罚以及被依法采取强制性教育措施的吸毒人员，应当给予必要的戒毒治疗。

第五十一条 省、自治区、直辖市人民政府卫生行政部门会同公安机关、药品监督管理部门依照国家有关规定，根据巩固戒毒成果的需要和本行政区域艾滋病流行情况，可以组织开展戒毒药物维持治疗工作。

第五十二条 戒毒人员在入学、就业、享受社会保障等方面不受歧视。有关部门、组织和人员应当在入学、就业、享受社会保障等方面对戒毒人员给予必要的指导和帮助。

第五章 禁毒国际合作

第五十三条 中华人民共和国根据缔结或者参加的国际条约或者按照对等原则，开展禁毒国际合作。

第五十四条 国家禁毒委员会根据国务院授权，负责组织开展禁毒国际合作，履行国际禁毒公约义务。

第五十五条 涉及追究毒品犯罪的司法协助，由司法机关依照有关法律的规定办理。

第五十六条 国务院有关部门应当按照各自职责，加强与有关国家或者地区执法机关以及国际组织的禁毒情报信息交流，依法开展禁毒执法合作。

经国务院公安部门批准，边境地区县级以上人民政府公安机关可以与有关国家或者地区的执法机关开展执法合作。

第五十七条 通过禁毒国际合作破获毒品犯罪案件的，中华人民共和国政府可以与有关国家分享查获的非法所得、由非法所得获得的收益以及供毒品犯罪使用的财物或者财物变卖所得的款项。

第五十八条 国务院有关部门根据国务院授权，可以通过对外援助等渠道，支持有关国家实施毒品原植物替代种植、发展替代产业。

第六章　法律责任

第五十九条　有下列行为之一，构成犯罪的，依法追究刑事责任；尚不构成犯罪的，依法给予治安管理处罚：

（一）走私、贩卖、运输、制造毒品的；

（二）非法持有毒品的；

（三）非法种植毒品原植物的；

（四）非法买卖、运输、携带、持有未经灭活的毒品原植物种子或者幼苗的；

（五）非法传授麻醉药品、精神药品或者易制毒化学品制造方法的；

（六）强迫、引诱、教唆、欺骗他人吸食、注射毒品的；

（七）向他人提供毒品的。

第六十条　有下列行为之一，构成犯罪的，依法追究刑事责任；尚不构成犯罪的，依法给予治安管理处罚：

（一）包庇走私、贩卖、运输、制造毒品的犯罪分子，以及为犯罪分子窝藏、转移、隐瞒毒品或者犯罪所得财物的；

（二）在公安机关查处毒品违法犯罪活动时为违法犯罪行为人通风报信的；

（三）阻碍依法进行毒品检查的；

（四）隐藏、转移、变卖或者损毁司法机关、行政执法机关依法扣押、查封、冻结的涉及毒品违法犯罪活动的财物的。

第六十一条　容留他人吸食、注射毒品或者介绍买卖毒品，构成犯罪的，依法追究刑事责任；尚不构成犯罪的，由公安机关处十日以上十五日以下拘留，可以并处三千元以下罚款；情节较轻的，处五日以下拘留或者五百元以下罚款。

第六十二条　吸食、注射毒品的，依法给予治安管理处罚。吸毒人员主动到公安机关登记或者到有资质的医疗机构接受戒毒治疗的,不予处罚。

第六十三条 在麻醉药品、精神药品的实验研究、生产、经营、使用、储存、运输、进口、出口以及麻醉药品药用原植物种植活动中,违反国家规定,致使麻醉药品、精神药品或者麻醉药品药用原植物流入非法渠道,构成犯罪的,依法追究刑事责任;尚不构成犯罪的,依照有关法律、行政法规的规定给予处罚。

第六十四条 在易制毒化学品的生产、经营、购买、运输或者进口、出口活动中,违反国家规定,致使易制毒化学品流入非法渠道,构成犯罪的,依法追究刑事责任;尚不构成犯罪的,依照有关法律、行政法规的规定给予处罚。

第六十五条 娱乐场所及其从业人员实施毒品违法犯罪行为,或者为进入娱乐场所的人员实施毒品违法犯罪行为提供条件,构成犯罪的,依法追究刑事责任;尚不构成犯罪的,依照有关法律、行政法规的规定给予处罚。

娱乐场所经营管理人员明知场所内发生聚众吸食、注射毒品或者贩毒活动,不向公安机关报告的,依照前款的规定给予处罚。

第六十六条 未经批准,擅自从事戒毒治疗业务的,由卫生行政部门责令停止违法业务活动,没收违法所得和使用的药品、医疗器械等物品;构成犯罪的,依法追究刑事责任。

第六十七条 戒毒医疗机构发现接受戒毒治疗的戒毒人员在治疗期间吸食、注射毒品,不向公安机关报告的,由卫生行政部门责令改正;情节严重的,责令停业整顿。

第六十八条 强制隔离戒毒场所、医疗机构、医师违反规定使用麻醉药品、精神药品,构成犯罪的,依法追究刑事责任;尚不构成犯罪的,依照有关法律、行政法规的规定给予处罚。

第六十九条 公安机关、司法行政部门或者其他有关主管部门的工作人员在禁毒工作中有下列行为之一，构成犯罪的，依法追究刑事责任；尚不构成犯罪的，依法给予处分：

（一）包庇、纵容毒品违法犯罪人员的；

（二）对戒毒人员有体罚、虐待、侮辱等行为的；

（三）挪用、截留、克扣禁毒经费的；

（四）擅自处分查获的毒品和扣押、查封、冻结的涉及毒品违法犯罪活动的财物的。

第七十条　有关单位及其工作人员在入学、就业、享受社会保障等方面歧视戒毒人员的，由教育行政部门、劳动行政部门责令改正；给当事人造成损失的，依法承担赔偿责任。

第七章　附　　则

第七十一条　本法自2008年6月1日起施行。《全国人民代表大会常务委员会关于禁毒的决定》同时废止。

附录 2：毒品预防教育重要文件

中小学生毒品预防专题教育大纲

一、总目标

在各学科渗透毒品预防教育的基础上，通过专题教育的形式，培养学生健康的生活情趣、毒品预防意识和社会责任感，掌握一些自我保护的方法，做"珍爱生命、拒绝毒品"的人。

二、分目标

小学：了解毒品危害的简单知识，远离毒品危害。

初中：了解有关禁毒的法律知识，拒绝毒品诱惑。

高中：学会自我保护，培养禁毒意识和社会责任感，发现可疑情况能够及时报告。

三、教学内容

小学 5—6 年级：毒品预防专题教育内容标准（4 课时）

教学内容	教学活动建议
1. 知道常见毒品的名称。 2. 初步了解毒品对个人和家庭的危害。 3. 知道一些不良生活习惯可能会导致吸毒。 4. 懂得一些自我保护的常识和简单方法，能够远离毒品。	1. 观看图片、资料片或毒品模型等，识别几种常见毒品。 2. "找一找"活动：播放或介绍一个案例，让学生找出"案例"中，吸毒给个人和家庭带来的变化和痛苦。通过"找一找"活动，了解毒品的危害。 3. 通过活动和游戏，告诉学生不要随便吃药，不要吃陌生人给的东西，不要自己买"营养品"等。 4. 收集生活中吸烟、酗酒对身体带来危害的案例。

初中：毒品预防专题教育内容标准（6课时）

教学内容	教学活动建议
1. 知道毒品的概念，能识别常见毒品名称。 2. 进一步了解毒品对个人和社会的危害。 3. 知道吸毒是违法行为，走私、贩卖、运输、制造毒品是犯罪行为，都要受到法律的惩处。 4. 学会一些拒绝毒品的方法，能够保护自己不受毒品侵害。	1. 列举常见毒品的名称和俗称，收集毒品危害的相关资料。 2. 参观禁毒教育基地或禁毒教育展室，观看禁毒教育影视片。 3. 讨论吸毒对个人、家庭和社会有什么样的影响？会造成什么样的后果？ 4. 运用学过的相关法律条款，分组谈谈法律如何保护未成年人不吸毒、如何打击毒品违法犯罪？ 5. 讨论"对好奇的事就要去尝试，是对的吗？"以吸毒为例，引导学生对"好奇"、"从众"等心理的正确认识，知道一些毒犯诱惑青少年吸毒的常见手法，学会拒绝毒品的基本技巧。

高中：毒品预防专题教育内容标准（4课时）

教学内容	教学活动建议
1. 懂得选择毒品就是自我毁灭，学会向毒品说"不"。 2. 了解当前禁毒工作面临的形势，增强禁毒意识。 3. 培养社会责任感，参与学校、社区组织的禁毒宣传活动。	1. 辩论或讨论"为什么说选择毒品就是自我毁灭？怎样向毒品说'不'"，在挫折、压力和诱惑面前学会正确选择。 2. 以组为单位，利用多种方法，收集有关禁毒形势、禁毒措施、禁毒成果、禁毒宣传和预防教育等资料。将收集的资料进行整理，了解禁毒工作的紧迫性、艰巨性和长期性，从自身做起，增强禁毒意识和社会责任感。 3. 学生自己拟订一个参加学校或社区组织的禁毒活动的计划，积极参与"禁毒志愿者"、"社区青少年远离毒品"、"不让毒品进我家"、创建"无毒社区"等活动。

四、实施建议

1. 本专题教育从小学五年级至高中二年级每年安排2课时进行教育，课时由学校从地方课程、校本课程或班会、团队会中进行安排。教育应采取多种形式,注重理论与实践相结合。

2.本专题教育旨在提高学生的禁毒意识和防毒能力,培养禁毒的社会责任感,不做考试要求。

3.为规范全国毒品预防教育的要求,教育部、公安部将组织编写有关的教育材料,供各地使用。各地也可根据专题教育大纲的要求选取有地方特色的教育内容和教育形式。

全民禁毒教育实施意见

广泛深入地开展禁毒教育,提高全民禁毒意识和抵制毒品能力,是禁毒工作的治本之策。为贯彻落实中共中央、国务院《关于转发国家禁毒委员会〈2004—2008年禁毒工作规划〉的通知》(中发〔2004〕12号)精神,大力开展全民禁毒教育,特制定《全民禁毒教育实施意见》。

一、明确全民禁毒教育的指导思想、对象和任务

(一)全民禁毒教育的指导思想

开展全民禁毒教育要以邓小平理论和"三个代表"重要思想为指导,在各级党委、政府领导下,广泛动员全社会的力量,遵循以人为本、促进人的全面发展的理念和"面向全民、突出重点、常抓不懈、注重实效"的方针,坚持禁毒教育工作与毒品形势的发展变化相适应,坚持普及教育与重点教育相结合,坚持禁毒教育与国民素质教育相互融合、相互促进,以提高全民禁毒意识和自觉抵制毒品的能力为核心,不断增强禁毒教育的科学性、广泛性、针对性和实效性,在全社会倡导积极、健康的生活态度和生活方式,形成全民抵制毒品、参与禁毒的社会氛围,最大限度地减少毒品需求和危害。

(二)全民禁毒教育的对象

禁毒教育面向全体公民。重点对象是:

1. 青少年;
2. 有高危行为的人群;
3. 有吸毒行为的人员;
4. 毒品问题严重地区的居民和流动人口;

5. 公职人员。

(三) 全民禁毒教育的任务

全民禁毒教育的基本任务是介绍毒品形势，普及禁毒知识，传播禁毒观念，宣传禁毒法规，动员全民禁毒；其核心是增强全民禁毒意识，提高公民对毒品及其危害的认知能力和抵御能力。对一般人群以普及知识为主，对高危人群以结合干预措施的宣传教育为主。具体任务是：

1. 使公民能够正确识别毒品，了解毒品的种类和特征，认清吸食毒品的后果和危害，提高对毒品的认知能力；

2. 使公民了解毒品泛滥的规律和传播条件，消除认识误区，增强对毒品的警惕性，掌握禁毒的科学知识和预防毒品侵害的方法，养成和保持积极、健康的生活方式，提高对毒品的抵御能力；

3. 使公民了解禁毒斗争的历史和现状，认清毒品泛滥的各种恶果，提高思想道德素质，不断增强禁绝毒品、人人有责的社会责任感；

4. 使公民了解我国的禁毒立场、方针、政策和禁毒法律法规，做到知法守法，不吸毒、不贩毒、不种毒、不制毒，增强同涉毒违法犯罪行为作斗争的积极性；

5. 使公民了解我国的禁毒业绩，进而发扬禁毒传统，树立必胜信心，营造更加有利的禁毒氛围。

到2008年，城市禁毒教育面要达到90%，农村要达到70%。其中，各级各类学校要达到100%，流动人口等高危人群要达到80%，监狱、劳教所、强制戒毒所和自愿戒毒医疗机构要达到100%。

二、建立全民禁毒教育工作体系

(四) 建立分级负责、各司其职、齐抓共管的全民禁毒教育领导体系

在各级党委、政府领导下，各级禁毒领导机构负责制定、部署全民禁毒教育的规划，提出禁毒教育年度工作安排，组织、指导和推动禁毒教育工作

和重大宣传教育活动。国家禁毒委员会和各省、自治区、直辖市禁毒领导机构内均设立全民禁毒教育协调指导组，承办具体工作。各地、市、州、盟禁毒领导机构内设立全民禁毒教育指导中心，负责落实上级禁毒领导机构的规划和部署，安排和组织实施本地的禁毒教育工作。各级全民禁毒教育协调指导组和指导中心由禁毒领导机构的相关成员单位组成。参加协调指导组和指导中心的各成员单位要认真贯彻本地禁毒领导机构的部署，充分发挥各职能部门的作用，坚持各司其职、密切配合，共同推动全民禁毒教育工作。

（五）建立全民禁毒教育专家组

国家禁毒委员会和各省、自治区、直辖市禁毒领导机构建立由教育、法律、传媒、社会学、医药学、精神卫生学、心理学等方面专家组成的禁毒教育专家组。专家组负责研究全民禁毒教育工作面临的重大问题，制定禁毒教育指导原则和规范，向禁毒领导机构提出建议，对全民禁毒教育教材、培训方案和宣传材料的编制进行指导和审核，参与对全民禁毒教育工作的评估。

（六）建立全民禁毒教育工作队伍

1. 在各地、市、州、盟禁毒领导机构禁毒教育指导中心的组织指导下，以各禁毒成员单位中从事宣传教育工作的专职人员为骨干，组成从事禁毒教育的专门队伍。这支队伍按照禁毒工作的职责分工，分别按系统组织、推动禁毒教育工作。

2. 在各个街道、乡镇、学校、社区医疗机构和特殊场所（监狱、劳教所、看守所、拘留所、收容教育所、戒毒所等）内普遍设立禁毒教育辅导员，形成一支经过专门培训的、遍布城乡的禁毒教育辅导员队伍。这支队伍结合本职工作开展禁毒教育，提供咨询服务。

3. 在全社会形成一支由社会工作者、传媒工作者、医药卫生、心理咨询工作者、禁毒志愿者等自愿从事禁毒教育的积极分子组成的义务性禁毒教育队伍。这支队伍在各级禁毒领导机构的指导下，坚持面向基层、服务基层，从事面向全民或特定对象的宣传教育工作。各地要根据禁毒工作需要,建立不同规模的禁毒志愿者组织,发展禁毒志愿者队伍,禁毒工作任务繁重地区要率先建立。国家禁毒委员会办公室、共青团中央从2005年开始,在全国招募禁毒志愿者支持西部地区开展禁毒宣传教育。

三、开展针对性强、形式多样、富有成效的教育活动

(七)开展旨在保护在校学生的"不让毒品进校园"活动

各级教育行政、禁毒、社会治安综合治理部门和共青团组织要认真贯彻落实《中共中央、国务院关于进一步加强和改进未成年人思想道德建设的若干意见》(中发〔2004〕8号)、《中共中央、国务院关于进一步加强和改进大学生思想政治教育的意见》(中发〔2004〕16号)和《国家禁毒委、中央综治办、教育部、团中央关于进一步加强中小学生毒品预防教育工作的通知》(禁毒委发〔2002〕13号)精神,充分发挥学校禁毒教育的主阵地作用,在各级各类学校全面开展毒品预防专题教育。

各级各类学校要根据学生的不同特点分阶段开设禁毒课程,切实做到计划、教学材料、课时、师资"四到位"。要在思想政治、生理卫生、生物、历史等相关课程进行禁毒渗透教育,开展丰富多彩的禁毒宣传教育和社会实践活动,使广大在校学生从小树立"珍爱生命,拒绝毒品"意识,努力实现"学生不吸毒,校园无毒品"的目标。

要建立、健全由教育、禁毒、医药卫生、社会治安综合治理和共青团组织等有关职能部门和学校负责人参加的联席会议制度,充分发挥各自优势,共同推动针对在校学生的禁毒教育工作。各级教育行政部门要充分发挥督学的作用,将毒品预防教育纳入督导内容,常抓不懈,严格考核,确保教学计划的落实和教学质量的提高。

(八)开展旨在保护青少年的"社区青少年远离毒品"行动

各级共青团组织要按照团中央关于开展"社区青少年远离毒品行动"的

部署，充分发挥各级团组织的优势，在广大青少年中开展内容丰富、形式多样、寓教于乐的禁毒教育活动，使广大青少年远离毒品。要依托青少年法律学校、青年中心、进城务工青年培训学校（站、点）、青少年维权服务站、青少年活动中心等阵地，切实加强对社区闲散青少年和进城务工青年的禁毒宣传教育及生活技能训练，增强青少年对毒品的防范意识。要大力发展禁毒志愿者队伍，形成一支活跃在社区，热心从事禁毒教育和帮教工作的生力军。

（九）开展旨在保护家庭的"不让毒品进我家"活动

各级妇联组织要充分发挥联系千家万户的优势，按照全国妇联关于开展"不让毒品进我家"活动的要求，结合本地实际，广泛开展面向家庭的禁毒教育，构筑"学校、家庭、社区"三位一体的禁毒教育模式，不断深化"不让毒品进我家"活动。要进一步扩大"百县承诺行动"的覆盖面，将承诺行动切实落实到社区和农村。要把存在毒品问题的社区和单亲家庭、流动人口家庭、涉毒家庭作为工作重点，加大宣传力度，完善帮教机制，积极创造条件，为他们解决实际困难。要利用社区家长学校和家庭教育指导中心等场所，举办有禁毒志愿者、家长、戒毒专家和青少年参加的禁毒讨论会和培训班，协助家庭预防及克服家人滥用药物的危机和困难，协助医生做好药物戒毒人员的治疗工作，帮助家长树立正确的家庭禁毒教育观念，提高家庭保护意识和防范毒品能力。

综合利用农村医疗卫生资源和基层宣传网开展面向农民群众的禁毒教育。要利用农贸集市、节日等机会，在群众集中的地点开展禁毒宣传活动。要支持并发挥区、县级卫生机构的作用，指导和培训乡（镇）、村等基层医疗卫生机构的卫生技术人员掌握禁毒知识，深入农村社区、家庭、学校，采用咨询、发放宣传材料等方式提供包括毒品预防教育在内的综合性卫生服务。

要鼓励并引导宗教组织在禁毒宣传教育工作中发挥积极作用。

（十）开展旨在保护职工和个体劳动者的禁毒教育

各级工会组织要按照全国总工会关于开展"职工拒绝毒品零计划"活动的部署，大力推动面向企业、单位和广大职工的禁毒宣传教育，要将禁毒知识纳入职工岗位培训的重要内容，广泛开展创建"无毒单位"活动。要通过多种形式的宣传教育，使广大职工尤其是青年职工、临时工和农民工增强禁毒意识，自觉抵制毒品，参与禁毒。要积极帮助吸毒职工和会员戒毒治疗，重新回归社会。

各级个体劳动者协会、私营企业协会要在基层协会和广大会员中开展形式多样的禁毒宣传教育活动，积极开展创建"无毒基层协会"活动。要配合公安和工商行政管理等部门，加强对文化娱乐服务业、出租车业等重点行业会员的禁毒教育和培训。要在营业性娱乐服务场所公开张贴和放置禁毒宣传品，加强警示作用。

（十一）开展旨在预防无业人员和流动人口吸毒的普及教育

各级宣传、公安、司法行政、卫生、民政、工商行政管理等部门和工、青、妇等群众组织，要把无业人员和流动人口作为教育重点，深入开展针对高危人群的禁毒教育，努力消除禁毒教育的盲区和死角。铁路、交通、民航等部门要在车站、机场、码头等交通集散场所和公共交通工具上开展禁毒教育。要充分利用公共场所的广告栏、宣传栏（牌）及广播、闭路电视等开展禁毒宣传，要在公共场所摆放或张贴禁毒教育宣传材料、禁毒标志和警语。

（十二）开展旨在帮助戒毒人员的心理、行为矫正教育

公安、司法行政、医药卫生、民政部门要在监狱、劳教所、戒毒所、拘留所和自愿戒毒医疗机构等毒品受害者、毒品违法犯罪人员和高危人群集中的特殊场所开展禁毒、吸毒防治和预防艾滋病的教育。鼓励戒毒成功人员结合个人经历开展同伴教育。要对已经染毒的人群给予人文关怀，使他们认清

摆脱毒品的正确途径和方式，树立回归社会的信念。

（十三）开展旨在预防贩运、种植和制造毒品违法犯罪活动的法制教育

人民法院、检察院和公安、司法行政部门要深入开展贩毒必惩的法制教育，以震慑犯罪、教育群众、弘扬正气。

针对可能种植毒品原植物的个别地区，在播种期深入开展禁种宣传，大造声势，增强群众的禁种意识，防止罂粟种子落地。对偏僻的山区、林区要组织力量进山入林宣传到户，做到家喻户晓，人人皆知，防止复种。

针对易制毒化学品流入非法渠道用于制造毒品的情况，公安机关要会同商务、食品药品监督管理部门以易制毒化学品生产、经营、运输和使用单位为重点，向管理人员和职工宣传加强易制毒化学品管理对禁毒工作的重要意义，增强员工特别是重点岗位主管人员的禁毒意识和责任意识，提高易制毒化学品生产企业和经营单位的自我约束能力和防范能力。

（十四）以"6·26"国际禁毒日为重点，掀起面向全民、主题鲜明的禁毒宣传教育高潮

国家禁毒委员会结合当年全国禁毒工作重点，参照联合国确定的主题，每年年初公布当年禁毒宣传主题和宣传口号。各地区、各有关部门要在"6·3"虎门销烟纪念日至"6·26"国际禁毒日期间，组织开展主题突出、特色鲜明、声势大、效果好的集中宣传教育活动，掀起禁毒宣传教育高潮，使人民群众普遍受到一次禁毒教育。

四、切实加强组织领导，落实全民禁毒教育的保障措施

（十五）切实加强领导

各级党委、政府和各级禁毒领导机构要将开展全民禁毒教育作为禁毒工作的治本之策切实加以落实。要结合本地实际，制定切实可行的工作方案，采取有力措施，推动全民禁毒教育工作的开展。要及时掌握禁毒教育工作情况，认真研究解决关系全民禁毒教育的重大问题。要注重整合社会资源，支

持基层组织、社会团体开展多种形式的禁毒教育，把全民禁毒教育与社会治安综合治理，创建"无毒社区"、"无毒村"和创建文明社区、文明村镇、文明户，文化科技卫生"三下乡"等群众性精神文明建设和当地社会经济发展有机结合起来，真正把全民禁毒教育工作落实到基层，整体推进。要着重抓好全民禁毒教育责任制和各项保障措施的落实，加强对毒品问题严重地区贯彻落实本意见情况的监督、检查，并把贯彻落实情况作为综合评定禁毒工作的一项重要指标。

国家禁毒委员会将建立健全全民禁毒教育工作的监督考核制度，不定期对各地区、各部门的工作落实情况和实效进行督促检查。

（十六）保障禁毒教育经费的投入

建立和完善以政府投入为主、多渠道筹措资金的禁毒教育经费保障机制。政府禁毒教育经费作为禁毒经费的一部分列入各级政府财政预算，实行分级投入、分级管理制度。教育事业费中要适当考虑学校禁毒教育经费的支出。各地禁毒领导机构要切实加强禁毒教育经费的管理，专款专用，不断提高使用效益，并积极争取社会各界捐助和国际援助，拓宽筹资渠道。

（十七）加强对禁毒教育专业人员的培训

国家禁毒委员会鼓励并保障从事禁毒教育工作的人员接受专业培训，建立禁毒教育辅导员任职资格培训、考核、认定制度，制定培训大纲和考试办法。各省、自治区、直辖市禁毒机构开办禁毒教育培训基地，对经过培训考试合格的人员授予禁毒教育辅导员资格证书。

各级教育行政部门要切实加强禁毒师资和法制副校长的培训，有计划地推进教师毒品知识和毒品预防教育技巧的培训工作，确保每个学校至少有一名教师兼职负责学校毒品预防教育。要逐步建立各省、自治区、直辖市禁毒教师教育课程资源的共建共享机制，推进"全国教师教育网络联盟计划"的实施，利用现代远程教育手段面向农村教师开展禁毒课程师资培训。

（十八）编辑出版禁毒教育的教材和宣传品

在国家禁毒委员会禁毒教育协调指导组和专家咨询组的组织下，统一规划、编写适应不同对象需要的禁毒教育材料，逐步形成科学、规范、适用的系列宣传教育材料，包括《全民禁毒教育读本》《社区禁毒知识读本》《学生禁毒知识读本》《领导干部禁毒知识读本》《禁毒志愿者手册》《药物滥用防治知识读本》等。各地可根据本地的特点和需要，以科学性和本土化为原则，有计划地编辑、制作禁毒书籍、挂图、招贴画、折页、影视片、公益广告等宣传品，服务于禁毒宣传教育工作。国家禁毒委员会将编辑出版《禁毒英雄谱》。各级禁毒领导机构要积极支持反映禁毒斗争历程和英模事迹的各种作品的创作和出版发行。

（十九）加快禁毒教育基地建设

各地要高度重视禁毒教育基地建设，按照统一规划、合理布局的原则，加快建设步伐，坚持建立相对独立、稳定的省级大型禁毒教育基地与依托现有群众性活动场所建立市、县级小型禁毒教育园地相结合，形成大小配套、层次分明、方便管理、服务群众的禁毒教育基地（园地）网络。要充分利用当地禁毒工作的素材资料不断充实、更新内容，把禁毒教育基地（园地）办成介绍禁毒知识、展示禁毒成果、开展禁毒教育、实施禁毒培训的课堂和禁毒志愿者的活动场所。要充分利用青少年法制教育、爱国主义教育基地，青少年宫、儿童活动中心等活动场所以及"青少年远离毒品网"，面向青少年开展禁毒教育。各级各类学校要充分利用橱窗、黑板报、广播、闭路电视、校园网等开展禁毒教育。

（二十）充分发挥大众传媒的优势开展禁毒宣传教育

各类大众传媒要把禁毒教育作为义不容辞的职责，把禁毒宣传教育贯穿全年，使人民群众能够经常接受禁毒知识的熏陶和教育，铸起抵御毒品侵害的思想防线。中央和地方主要广播、电视、报纸、互联网站等要积极开展禁毒宣传，定期播放或刊登禁毒公益广告。进一步加强禁毒题材影视片、图书和音像制品的管理和创作生产，积极开发和推广适合青少年身心特点和认知规律的禁毒游戏软件产品。禁毒部门要加强与各种新闻媒体的配合和协作，共同推动禁毒宣传教育工作。各级人民政府和宣传主管部门要切实加强对媒体禁毒宣传工作的指导和督查。

国家禁毒委员会和各省、自治区、直辖市禁毒领导机构要建立禁毒新闻发言人制度，定期发布禁毒新闻；组织出版禁毒年度报告，增加禁毒工作的透明度；建立禁毒教育网站和热线，介绍禁毒形势、宣传禁毒工作、接受群众咨询、听取群众意见，扩大禁毒教育的覆盖面。

（二十一）加强禁毒教育领域的国际交流与合作

要扩大毒品预防教育领域国际及地区间的交流和合作，充分借鉴和吸收国外开展禁毒教育的理念、经验和做法，采取有效措施保证国际禁毒教育合作项目按计划实施，进一步提高合作项目在国内转化和应用的程度，以服务和改进国内的禁毒教育工作。

（二十二）建立禁毒教育评估体系

国家禁毒委员会制定符合我国国情的各类人群行为干预效果评价指标体系和禁毒教育评估标准，建立禁毒教育绩效评价、反馈机制。各地禁毒领导机构要按照科学、客观、公正的原则，通过第三方定期开展评估工作，防止形式主义和弄虚作假。要根据评估结果和变化情况，不断改进工作，保证禁毒教育工作持续、健康发展。要更新观念，求真务实，不断探索与当今社会和经济发展相适应的教育理念、教育方式和教育途径。要注重总结来自群众的新鲜经验，不断提高开展全民禁毒教育的工作水平。

关于深化全民禁毒宣传教育工作的指导意见

为深入贯彻实施《禁毒法》，推动国家机关、社会团体、企业事业单位以及其他组织积极履行禁毒宣传教育职责，进一步提高全民抵御毒品的能力和参与禁毒斗争的意识，不断推进禁毒人民战争向纵深发展，现就深化全民禁毒宣传教育工作提出如下意见：

一、充分认识深化全民禁毒宣传教育工作的重要意义

1. 全民禁毒宣传教育工作取得明显成效。2005年开展禁毒人民战争以来，各地区、各有关部门坚持预防为主的禁毒方针，认真组织实施中共中央宣传部、国家禁毒委员会办公室（以下简称国家禁毒办）等11个部门联合制定的《全民禁毒教育实施意见》，广泛深入地开展禁毒宣传教育活动，取得了明显的阶段性成效，广大人民群众识毒、拒毒、防毒能力和参与禁毒的意识普遍增强，滥用海洛因等传统毒品人员新增率进一步降低，社会各界关注禁毒、积极参与禁毒人民战争的氛围更加浓厚，为预防和减少毒品违法犯罪活动、保护公民身心健康、促进社会和谐稳定作出了积极贡献，为进一步深化和加强全民禁毒宣传教育工作打下了坚实基础。

2. 禁毒宣传教育工作面临新的挑战和压力。随着禁毒斗争的不断深入和毒品形势的发展变化，禁毒宣传教育工作面临的外部环境和内在要求发生了深刻变化，特别是《禁毒法》的颁布实施，对进一步深化全民禁毒宣传教育工作，从根本上防范毒品问题发生、减少吸毒人员的增加，提出了新的更高要求。与面临的形势和挑战相比，禁毒宣传教育工作还存在一些不适应的问题，一些地方、部门重打击、轻防范，对禁毒宣传教育工作重视不够、投入不足；禁毒宣传教育领导体系、工作机制、工作队伍有待进一步增强，效果评估和竞争激励机制还不健全；禁毒宣传教育工作理念、方式、手段还不能完全适应快速变化的毒品形势，针对农村、流动人口以及合成毒品危害的宣传教育仍是薄弱环节，针对性、系统性、科学性、实效性有待进一步提高，这些问题需要采取有效措施尽快加以解决。

3. 深化全民禁毒宣传教育工作具有重要意义。认真贯彻实施《禁毒法》，不断深化全民禁毒宣传教育工作，对于增强全民禁毒意识，激发广大人民群众参与禁毒斗争的积极性、主动性、创造性，具有重要意义。各级党委、政府和禁毒领导机构要把全民禁毒宣传教育作为社会主义精神文明建设的重要内容，作为事关禁毒工作全局的一项重要战略任务，进一步建立健全政府统一领导，有关部门各负其责，社会广泛参与的禁毒宣传教育工作体制，切实将全民禁毒宣传教育纳入整个禁毒工作、政府和相关部门目标管理、社会治安综合治理考核范围统一部署、统一检查，落实禁毒宣传教育工作责任制和各项保障措施，在巩固已有成果的基础上，进一步深化和推进全民禁毒宣传教育工作。

二、明确深化全民禁毒宣传教育工作的指导思想、基本原则和任务目标

4. 深化全民禁毒宣传教育工作的指导思想：以邓小平理论和"三个代表"重要思想为指导，深入贯彻落实科学发展观，全面实施《禁毒法》，坚持以人为本、促进人的全面发展的理念，紧密结合禁毒工作实际，积极探索全民禁毒宣传教育规律，坚持长期、广泛地开展全民禁毒宣传教育活动，不断增强全民禁毒意识和自觉抵制毒品能力，推动国家机关、社会团体、企业事业单位以及其他组织履行禁毒宣传教育法定职责，形成"履行禁毒义务、参与禁毒斗争"的社会氛围，为进一步深化禁毒人民战争营造更加良好的社会环境。

5. 深化全民禁毒宣传教育工作的基本原则：坚持面向全民与突出重点人群相结合，将青少年、流动人口、毒品问题严重地区人员、有涉毒行为人员作为禁毒宣传教育的重点人群，进一步增强全民禁毒宣传教育工作的针对性；坚持禁毒宣传教育形式与效果相统一，将禁毒宣传教育与公民法制教育、道德教育、科普教育、健康教育、职业教育、预防艾滋病教育结合起来，贴近实际、贴近生活、贴近群众，进一步提高全民禁毒宣传教育工作的实效性；坚持禁毒宣传教育专业化和社会化资源相整合，注重发挥媒体优势，发展禁毒群众组织，凝聚民心，集聚力量，进一步提升禁毒宣传教育工作的社会化水平。

6. 深化全民禁毒宣传教育工作的主要任务：普及毒品预防知识，增强公民的禁毒意识，提高公民自觉抵制毒品的能力。深入开展禁毒法制教育，宣传《禁毒法》《戒毒条例》及其他禁毒法律法规，介绍我国禁毒立场、方针和政策，使公民树立遵纪守法的观念，自觉做到不种毒、不制毒、不贩毒、不吸毒，关爱吸毒成瘾人员；深入开展毒品预防知识教育，以防范合成毒品危害为重点，广泛宣传毒品种类、特征和滥用危害，介绍个人和家庭防范毒品侵害的方法，使公民提高认知和抵御毒品的能力，养成积极、健康的生活方式；深入开展禁毒形势教育，介绍禁毒斗争历史和现状，宣传禁毒工作措施和成效，使公民进一步关心和支持禁毒工作，树立禁毒斗争必胜的信心；深入开展禁毒理念教育，倡导禁绝毒品、人人有责的社会责任意识，宣传禁毒志愿者的感人事迹，使公民增强与涉毒违法犯罪行为作斗争的积极性，自觉成为禁毒理念的传播者和实践者。

7. 深化全民禁毒宣传教育工作的主要目标：全民禁毒意识显著增强，新吸毒人员增加速度明显减缓，合成毒品滥用势头和其他毒品违法犯罪活动得到有效遏制；禁毒宣传教育基本覆盖全体公民，全部覆盖学校和看守所、拘留所、监狱、劳动教养管理所、强制隔离戒毒所、戒毒康复场所、自愿戒毒医疗机构、药物维持治疗门诊以及救助管理机构；禁毒宣传教育手段多样、内容丰富、保障有力，满足不同群众毒品认知需求，重点人群接受禁毒教育更加系统、深入；全民禁毒宣传教育专兼职工作队伍基本覆盖基层街道（乡镇），禁毒志愿者队伍规模和专业化水平明显提高；禁毒宣传教育效果评估和竞争激励机制更加科学完善，宣传教育投入逐步增加；全民禁毒宣传教育领导体制、工作机制进一步健全，群众满意度进一步提高，全社会参与禁毒氛围更加浓厚。

三、深入开展具有针对性、实效性的毒品预防教育活动

8.进一步深化"不让毒品进校园"活动，全面推动禁毒教育进学校，帮助学生树立远离毒品、健康成长的观念。教育行政、禁毒、社会治安综合治理、共青团等部门、组织要充分发挥学校的主阵地作用，深入开展中小学生毒品预防专题教育，按照《中小学生毒品预防专题教育大纲》要求，分阶段开设禁毒课程，切实做到教学计划、教学材料、课时、师资"四到位"，巩固"学生不吸毒、校园无毒品"的成果；要积极推进在高等学校、中等职业学校和中小学的毒品预防教育工作，通过二至三年的努力，在每个省（自治区、直辖市）培育若干所毒品预防教育示范中等职业学校、中学和小学；教育行政部门要大力加强学校禁毒师资队伍建设，并将毒品预防教育实施情况纳入国家督学范畴，确保禁毒教学质量不断提高，各项禁毒教育措施落到实处。

要以防范合成毒品危害为重点，把预防毒品和药物成瘾知识与法制教育、心理健康教育有机结合起来，将其作为高等学校、中等职业学校和中小学德育的重要内容，纳入教学计划，同时完善生理卫生、生物、历史等相关课程的禁毒渗透教育，逐步建立全面系统的禁毒教育教学体系。

要加强对不同阶段学生心理特点和毒品认知能力的研究，丰富教学内容，开发教学资源，创新教学手段，不断增强禁毒教育的吸引力、感染力。要结合学生入学、入队、入团、成人宣誓、毕业典礼等活动，组织开展禁毒主题课外活动和社会实践，开展制作手抄报、模拟法庭、自护教育、参观戒毒所等禁毒教育活动。

要在重点地区建立由禁毒办牵头，由教育行政、公安、司法行政、卫生行政、社会治安综合治理、共青团、少先队等部门、组织和学校负责人、学生家长参加的禁毒教育联席会议制度，并通过选聘校外法制辅导员、开展"小手拉大手、大手护小手"、学生禁毒志愿者等活动，积极推动学校禁毒教育与家庭、社会禁毒教育有效衔接。

9.进一步深化"社区青少年远离毒品"行动，全面推动禁毒教育进社区，提高社区禁毒宣传教育服务能力。共青团组织要继续深化"社区青少年远离毒品行动"，结合预防青少年违法犯罪工作，有针对性地面向社区闲散青少年和进城务工青年开展禁毒宣传教育；要依托青少年法律学校、青少年维权服务站、青少年维权服务岗、进城务工青年培训学校等阵地，组织重点青少年群体开展禁毒宣传教育及生活技能训练，为青少年健康成长创造良好环境。每个社区在每年寒暑假期间至少组织一次青少年禁毒教育活动。

社会治安综合治理、禁毒部门要结合"无毒社区"创建活动和社会治安重点地区排查整治工作，以社区为依托，针对毒品问题严重地区、城中村、城镇周边聚居常住人员、流动人员及下岗失业人员开展禁毒宣传教育，预防和减少涉毒违法犯罪行为发生。

民政、司法行政、教育行政、卫生行政、文化、公安、工会、共青团、妇联等部门、组织要指导基层组织将社区禁毒宣传教育纳入社区建设和管理，配合开展"无毒社区"创建和社区禁毒宣传教育工作；要组织禁毒宣传教育辅导员、社区志愿者、禁毒社会工作者和社区居民等力量，积极参与禁毒教育进社区活动，逐步壮大活跃在社区、热心禁毒教育和戒毒帮教的禁毒志愿者队伍。

城市街道办事处、居民委员会要加强社区禁毒宣传教育，落实禁毒防范措施，促进和谐社区建设；要依托社区服务中心（站）、宣传文化站、居民会议、市民学校、阅报栏、法制宣传橱窗等社区公共服务设施和社区戒毒（康复）工作网络，发放禁毒宣传教育资料，建立禁毒宣传教育园地，开设禁毒讲座和居民论坛，结合群众性主题文化教育活动和"致社区居民一封信"等活动，深入开展禁毒公益宣传。

10. 进一步深化"不让毒品进我家"活动，全面推动禁毒教育进家庭，完善家庭自我教育、自我防范功能。妇联组织要以"平安家庭"创建为依托，继续做好"无毒家庭"创建工作，深化"不让毒品进我家"活动，广泛开展面向家庭的禁毒教育，使毒品预防知识家喻户晓、深入人心。要进一步扩大"无毒家庭"覆盖面，积极引导家庭成员开展防范涉毒的自我教育、自我管理，推动父母对未成年子女进行毒品预防教育；要加强妇女禁毒协会和巾帼禁毒志愿者队伍建设，以单亲家庭、流动人口家庭、涉毒家庭和妇女为重点，会同社区民警、居（村）民委员会等基层工作力量，深入居民家庭开展有针对性的禁毒教育和帮教活动；要利用家长学校和家庭文明指导中心等阵地，组织禁毒志愿者、家长、戒毒专家和青少年参加禁毒讨论会和培训班，提高家庭防范毒品意识，帮助克服家人吸食毒品的危机和困难；要配合禁毒、邮政部门开展"毒品知识进万家活动"，力争通过三年努力，依托邮政投递网络和巾帼禁毒志愿者队伍将禁毒宣传教育资料送进每个家庭。

11. 进一步深化"职工拒绝毒品'零计划'行动"，全面推动禁毒教育进单位，帮助职工和个体劳动者认识和预防毒品危害。工会组织要继续深化"职工拒绝毒品'零计划'行动"，利用健全的工会组织网络，引导国家机关、社会团体、企业事业单位以及其他组织加强面向本系统、本单位职工的禁毒宣传教育，广泛开展创建"无毒单位"活动。要将禁毒教育纳入全国职工素质建设工程，作为职工岗前培训、岗位培训的重要内容，实现禁毒宣传教育工作的经常化和制度化;要利用工人文化宫、工人俱乐部、职工书屋、职工之家、农民工业余学校及宣传橱窗、班组板报等工会文化设施网络,广泛开展为职工送图书、送电影、送法律、送文艺等多种形式的禁毒宣传教育活动;要以"千万农民工帮扶行动"为载体,结合就业培训、岗位援助、创业指导等措施,有针对性地在外来务工人员、下岗失业人员集中的地区、行业和企业开展禁毒宣传教育,提高广大职工特别是农民工和下岗失业群体抵制毒品的能力和自觉守法意识;要积极帮助吸毒职工戒断毒瘾、回归社会。

易制毒化学品生产、经营、运输和使用单位及化工市场要通过学习培训,增强职工特别是重点岗位主管人员的禁毒意识和责任意识,提高易制毒化学品行业自我约束能力和防范能力。

各类行业协会、商会要积极参与禁毒宣传教育工作。个体劳动者协会、私营企业协会要在广大会员特别是文化娱乐服务业、出租车业、物流和快递业等重点行业会员中,开展形式多样的禁毒宣传教育活动,继续深化创建"无毒基层协会"活动。

12. 深入开展禁毒"流动课堂"活动,全面推动禁毒教育进场所,提高流动人口和戒毒人员抵御毒品能力。各级党委宣传、禁毒、公安、卫生行政、民政、司法行政、工商行政管理、工会、共青团、妇联等部门、组织要结合各自业务工作,深入开展面向无业人员和流动人口的禁毒宣传教育。要重点在公共场所推进禁毒"流动课堂"活动,广泛发动禁毒志愿者,采取流动宣传车、宣传小分队等形式,深入毒品问题严重地区以及繁华街区、交通枢纽、大型建筑工地等复杂场所,开展经常性的禁毒咨询和宣讲活动。

人力资源和社会保障部门要结合就业服务和就业援助工作,利用各级公共就业服务机构、劳动保障工作平台,面向无业人员开展经常性的禁毒知识宣传;要联合铁路、交通、民航等部门,在春节期间组织开展"春风行动",向外出务工人员发放禁毒宣传品,开展多种形式的禁毒宣传。

铁路、交通、民航部门要将禁毒知识纳入对旅客宣传和职工培训内容。毒品问题比较严重的地区和边境口岸要设立户外禁毒公益广告牌；候车、候船、候机室要设置禁毒宣传专栏和宣传牌，摆放禁毒宣传教育资料；公共交通工具上要张贴禁毒标志，利用移动电视开展禁毒宣传；有影视广播播放条件的旅客集中场所要滚动播放禁毒宣传教育内容。

文化、工商行政管理、公安等部门要进一步加强对歌舞娱乐、宾馆酒店、洗浴桑拿等公共服务场所的禁毒管理，要求场所主动公开张贴和摆放禁毒宣传品，公布涉毒举报奖励办法，安装禁毒公益宣传软件，聘请媒体和公众监督员，每年组织经营业主、从业人员开展防范合成毒品禁毒承诺和教育培训活动，推动娱乐场所、旅店依法落实禁毒防范措施，预防毒品违法犯罪行为的发生。

公安、司法行政、卫生行政、民政部门要在看守所、拘留所、监狱、劳动教养管理所、强制隔离戒毒所、戒毒康复场所、自愿戒毒医疗机构、药物维持治疗门诊和救助管理机构等毒品受害者、毒品违法犯罪人员集中的特殊场所开展《禁毒法》、吸毒防治和预防艾滋病教育，鼓励戒毒成功人员结合个人经历开展同伴教育，对已染毒人员给予人文关怀，帮助他们认清摆脱毒品的途径，树立回归社会的信念。

13. 依托社会主义新农村建设，推动禁毒教育进农村，提高农民禁毒法制观念。乡镇人民政府、村民委员会要立足农村有线广播、墙报宣传栏等宣传阵地，抓住农贸集市、节假日等有利时机，在人群集中地点开展群众喜闻乐见的禁毒宣传教育，帮助广大农民特别是返乡农民工识毒、防毒、拒毒，免受毒品侵害。乡镇和村广播室要定时播放禁毒教育内容；毒品问题严重地区要做到乡乡有禁毒音像宣传品、村村有宣传挂图、户户有宣传手册。

党委宣传、教育行政、公安、卫生行政、司法行政、农业、文化、广播电影电视、新闻出版、共青团等部门要结合文化科技卫生"三下乡"、"法律进乡村"活动和农家书屋、广播电视村村通、农村电影放映工程，开展禁毒宣传资料、禁毒文艺、禁毒电影进农村活动；要把毒品预防知识纳入农村党员和农民职业教育内容，借助农村党员干部现代远程教育网络和农村职业教育培训网络，面向农村开展禁毒教育。

禁毒、农业、林业、民政、公安等部门要指导基层组织、单位在可能种植毒品原植物地区，深入开展禁种宣传，增强群众禁种意识，防止罂粟种子落地。

四、积极营造全社会广泛参与禁毒人民战争的舆论氛围

14. 充分发挥大众传媒禁毒宣传的主渠道作用。大众传媒要承担开展公益性禁毒宣传教育的社会责任，普及毒品预防知识，传播禁毒观念，加大常态化禁毒宣传力度，定期发布禁毒公益广告。中央和地方主要报刊、广播、电视以及重点新闻网站要在相关栏目中充实有关禁毒宣传教育内容。各级党委宣传和新闻出版行政部门要加强对禁毒宣传工作的指导和督查。各地区、各有关部门要密切与各类媒体的合作，加强舆论引导，培养通讯员队伍，不断增强禁毒新闻宣传的实效性。国家禁毒办将会同有关部门定期组织开展全国报刊业禁毒好新闻评选活动。

15. 把互联网、手机等新兴媒体作为禁毒宣传教育的重要阵地。各地区、各有关部门要开展形式多样的网上禁毒宣传教育，特别是利用网络新技术、新手段，通过博客、播客、微客、QQ、社交网站、网络游戏等青少年乐于接受的方式，重点加强对防范合成毒品危害的宣传教育。禁毒部门要协调工业和信息化部门强化通信服务商的禁毒宣传职责，通过手机媒体定期发布毒品预防知识和预警信息。

16. 建立健全禁毒新闻发布制度。各省、自治区、直辖市禁毒领导机构要建立禁毒新闻发布制度，或者利用现有新闻发布平台定期发布禁毒新闻，组织出版禁毒年度报告，公开毒品违法犯罪行为举报奖励办法，增加禁毒工作的透明度。要注重培养新闻发布人才，主动设置新闻发布议题，及时发布当地毒品形势、禁毒工作措施和成效、重要案件和重大行动，切实增强新闻发布的及时性和权威性。

五、大力推进群众性禁毒公益实践活动

17.推进禁毒志愿服务工作持续健康发展。党委宣传、禁毒部门要会同精神文明建设指导委员会办公室加强对各类禁毒志愿服务活动的总体规划和协调指导。民政、工会、共青团、妇联等部门、组织要结合各自特点，进一步加强社区志愿者、职工、青年和巾帼禁毒志愿者队伍建设，推动义务性禁毒宣传教育队伍不断发展壮大；要建立健全禁毒志愿服务组织体系和工作机制，从禁毒工作需要和志愿者愿望出发设计服务项目，依托禁毒教育基地对志愿者进行禁毒知识和技能培训，跟踪掌握禁毒志愿者接受培训和参加服务情况，推动禁毒志愿服务经常化和规范化。共青团组织要将禁毒宣传教育纳入全国大中专学生志愿者暑期"三下乡"社会实践活动，调动青年学生参与禁毒社会实践活动的积极性。国家禁毒办将适时开通禁毒宣传教育志愿者注册管理系统和志愿服务信息平台。有条件的地区要组建禁毒社会工作者队伍，明确其禁毒宣传教育职责，对吸毒人员家庭要重点入户宣传。

18.动员社会组织参与禁毒公益实践活动。要注重发挥各类社会组织特别是公益慈善组织的作用，充分利用禁毒协会、禁毒基金会、关心下一代工作委员会、红十字会和学生社团的优势，开展禁毒志愿服务，争取社会各界公益捐助。

19.发挥禁毒先进人物、优秀民间禁毒组织的榜样作用。各地区、各有关部门要动员广大领导干部和社会知名人士带头参与禁毒志愿服务，大力发现、培养来自基层、贴近群众的先进典型，加大典型的宣传力度，使广大群众从先进典型的感人事迹和优秀品质中受到鼓舞、汲取力量。国家禁毒办将继续会同有关部门不定期评选表彰"全国十大民间禁毒人士"。

六、不断掀起"全民禁毒宣传月"集中宣传教育高潮

20. 将每年6月作为"全民禁毒宣传月"。国家禁毒办要结合当年禁毒工作重点，参照联合国确定的主题，公布"全民禁毒宣传月"宣传主题。各地区、各有关部门要组织开展主题突出、特色鲜明、富有成效的集中宣传教育活动，掀起禁毒宣传高潮，使人民群众普遍受到一次禁毒教育。

21. 发挥媒体优势营造浓厚的禁毒舆论氛围。"全民禁毒宣传月"期间，各级党委宣传部门要指导、督促各类新闻媒体开辟禁毒专栏、专版、专题，制作播出高质量的禁毒新闻和专题节目，开展禁毒集中宣传；社区和学校宣传橱窗要推出禁毒宣传教育专栏；公共场所和公共交通工具要利用橱窗、广播、闭路电视和电子显示屏开展禁毒集中宣传和禁毒公益广告宣传。中宣部、公安部、国家广电总局、新闻出版总署、国家禁毒办继续组织开展中央主要新闻媒体集中采访报道活动。中央对外宣传办公室指导、协调中央各对外新闻单位、中央重点新闻网站宣传报道我国政府开展禁毒工作的措施和成效，并组织开展境外舆论引导工作。

22. 抓住有利时段开展禁毒集中宣传。各地区、各有关部门要抓住"6·1"《禁毒法》实施纪念日、"6·3"虎门销烟纪念日、"6·26"国际禁毒日以及"12·1"世界艾滋病日、"12·4"全国法制宣传日、"12·5"国际志愿者日等纪念日，有针对性地开展禁毒集中宣传。

七、切实做好全民禁毒宣传教育保障工作

23. 完善以政府投入为主、多渠道筹措资金的禁毒宣传教育经费保障机制。各级政府要把禁毒宣传教育经费作为禁毒经费组成部分列入财政预算，保障禁毒宣传教育工作需要，并随着社会经济发展逐步增加。各地禁毒领导机构要加强禁毒宣传教育经费管理，确保专款专用，提高资金使用效率。各有关部门要把禁毒宣传教育纳入本单位宣传教育整体规划，争取经费投入，禁毒领导机构应对禁毒委员会成员单位予以必要的经费支持。教育事业费要保障学校禁毒教育的必要支出。

24. 加强全民禁毒宣传教育领导机构建设。要完善分级负责、各司其职、齐抓共管的全民禁毒宣传教育领导体系。省、市、县禁毒领导机构内要设立禁毒宣传教育工作小组，由禁毒领导机构相关成员单位组成，重点研究解决重大和难点问题，组织落实重要活动。各级禁毒部门要会同党委宣传部门，加强对成员单位的协调指导，及时提供禁毒宣传教育资料。各相关成员单位要细化本部门禁毒宣传教育职责任务，各尽其责，相互配合，把禁毒宣传教育与业务工作紧密结合起来，纳入目标管理责任制，完善措施，扎实推进。

25. 加强全民禁毒宣传教育人才队伍和专兼职工作队伍建设。中央、省、市禁毒宣传教育领导机构要建立全民禁毒宣传教育咨询专家和培训师资资源库，研究禁毒宣传教育规律，编制禁毒宣传教育资料，开展禁毒宣传教育培训，逐步实现全国咨询专家与培训师资的资源共享。

各级禁毒宣传教育工作小组要建立全民禁毒宣传教育专门队伍，各街道、乡镇、学校、社区医疗机构和特殊场所内要指定专人负责禁毒宣传教育工作，形成一支专兼职结合、素质较高、人数众多、覆盖面广的禁毒宣传教育工作队伍。

禁毒部门要积极会同相关成员单位，把握禁毒宣传教育专职人员、禁毒师资、禁毒志愿者、禁毒教育辅导员等不同对象的需求，按照"国家禁毒办和各部门示范培训、省级重点培训、市级普遍培训"的方法，组织有关专家，依托高等院校、科研院所和社会培训机构，广泛开展培训工作，不断提高禁毒宣传教育队伍素质。国家禁毒办定期举办全国禁毒宣传教育骨干培训班和全国禁毒宣传教育精品项目评选活动，逐步推广专兼职工作队伍网络培训和远程教育。新闻出版总署继续做好新闻记者禁毒防艾宣传报道的教育培训工作。

教育行政部门和学校要重视禁毒教育兼职教师、法制副校长、校外法制辅导员、校外专家组等禁毒师资的建设，提高中小学班主任、高校辅导员开展毒品预防教育的能力。要把禁毒教育列入教师继续教育内容和教师校本培训计划，开展禁毒教学研究工作。要逐步建立各省、自治区、直辖市禁毒教师教育课程资源的共建共享机制，充分发挥"农村中小学现代远程教育工程"的应用效益和全国教师教育网络联盟的作用，力争通过三年的努力为每一位班主任和禁毒教育兼职教师提供一次禁毒培训。

26.加强禁毒教育基地建设。各省、自治区、直辖市要建立一所大型禁毒教育基地，市、县要建立小型禁毒教育基地或园地，城市社区、农村行政村和中小学校要建立固定的禁毒宣传教育橱窗，形成因地制宜、规模适当的禁毒教育基地（园地）和阵地网络。要充分利用强制隔离戒毒场所、戒毒康复场所、自愿戒毒医疗机构以及图书馆、青少年法制教育基地、爱国主义教育基地、青少年宫、妇女儿童活动中心等场所，面向社会尤其是青少年开展禁毒教育。

27.加强禁毒宣传教育资料建设。国家禁毒办将依托咨询专家组，统一规划、编写适应不同对象需要的禁毒教育材料，实现全国禁毒宣传教育资料共享。各地区、各有关部门要加大禁毒书籍、挂图、招贴画、折页、影视片、公益广告的编辑、出版力度，积极推出一批以青少年防范合成毒品危害为主题的优秀动漫和视听产品；指导各类青少年法律学校、市民学校、家长学校、农民工业余学校、职工学校和职业学校等有计划地组织、参与编写通俗易懂的禁毒简明教材。国家广电总局指导央视网梳理中央电视台年度禁毒视频资源，提供点播和下载服务。

28.加强禁毒宣传教育效果评估。各级禁毒领导机构要以协调组织禁毒执法检查等形式，加强对当地禁毒宣传教育工作的督导检查，推动基层政府和相关部门禁毒宣传教育职责的落实；要积极借助统计部门、社科研究机构等第三方力量开展全民禁毒宣传教育社会效果评估，注重群众对禁毒宣传教育工作的评价，根据评估结果和变化情况，不断改进工作。各有关部门要按照各自职责分工负责本系统、本单位全民禁毒宣传教育工作的组织实施和监督检查。国家禁毒办将建立健全全民禁毒宣传教育工作考核评估制度，不定期对各地区、各有关部门工作落实情况和实效进行督促检查，保证禁毒宣传教育工作持续、健康、科学发展。

全国青少年毒品预防教育规划

（2016—2018）

为保护和促进青少年健康成长，遏制和减少新吸毒人员滋生，尽快扭转涉毒人群快速增长的势头，根据《禁毒法》、《中共中央国务院关于加强禁毒工作的意见》（中发〔2014〕6号），制定本规划。

一、指导思想

以党的十八大和十八届三中、四中全会精神为指导，认真贯彻落实《禁毒法》和《中共中央国务院关于加强禁毒工作的意见》，按照习近平总书记等中央领导同志对禁毒工作的一系列重要指示要求，根据青少年生理和心理特点，遵循和把握教育规律，以校园为重要阵地，发动社会各方共同参与，有效净化青少年成长的社会环境，通过禁毒知识的普及、青少年抵御毒品能力的增强，实现青少年毒品预防教育与科学文化教育、思想道德教育、生命健康教育和法治教育的有机融合，进一步降低毒品的社会危害，为平安中国、法治中国建设做出新的贡献。

二、总体目标

本规划以10岁至25岁青少年为重点，力争通过三年努力，构建完善的青少年毒品预防教育工作体系，形成分工明确、协作有效、监督到位、评估科学的工作机制；青少年毒品预防教育方式更加新颖、方法更加多样，师资力量配置齐全，教育基地布局合理，宣传资料规范充实，禁毒社会氛围更加浓厚；青少年识毒、拒毒、防毒意识和能力明显增强，18岁以下未成年人涉毒违法犯罪人数占涉毒违法犯罪总人数比例不高于0.3%，人民群众对青少年毒品预防教育工作满意率达到95%以上，新滋生吸毒人数大幅减少，毒品问题综合治理取得阶段性成效。

三、任务要求

（一）提升学校毒品预防教育工作水平

1. 落实毒品预防专题教育课时。小学五年级至高中二年级每学年至少安排1课时毒品预防教育专题课程。毒情严重地区学校，要在2016年秋季开学前将毒品预防教育纳入常规课程，每学年至少安排2课时的毒品预防教育专题课程。要将禁毒元素有机融入语文、历史、化学、生物、思想品德等课程，发挥渗透教学作用。中等职业学校和高等院校要在新生入学后和毕业生毕业前各开展一次毒品预防教育。

2. 建立毒品预防教育师资队伍。教育部门要把毒品预防教育列入教师培训内容，依托高等院校和科研机构建立毒品预防教育师资培养基地，师范院校要通过开设相关课程、邀请专家举办讲座等多种形式，提高师范生毒品预防教育意识和能力。要加强学校毒品预防教育兼职老师、法制副校长队伍建设，毒情严重地区每个学校至少配备一名校外禁毒辅导员。

3. 丰富学校毒品预防教育资料。2015年9月底前，国家禁毒委员会办公室、教育部将制作小学、初中、高中和中等职业学校毒品预防教育专题片和优秀禁毒课件，在国家禁毒委员会办公室和教育部网站推出，供各地下载。省级、地市级教育和禁毒部门要结合本地区毒品问题特点，在2016年秋季开学前，将毒品预防教育内容纳入地方课程教材中。

（二）实现各类青少年群体毒品预防教育全覆盖

4. 将就业青年毒品预防教育列入职业培训范围。各级工会组织要充分依托各类工会宣传文化活动阵地，以"职工拒绝毒品'零计划'"活动为中心，以青年职工为重点，突出禁毒宣传教育工作内容，多途径、多渠道开展禁毒宣传教育活动，提高广大职工拒绝毒品、珍惜健康、尊重生命的意识和识毒、拒毒、防毒的能力。要指导企业把毒品预防教育列入职工入职教育和在职培训内容，作为企业对职工日常教育管理的基本要求。

5.落实城市社区青少年毒品预防教育责任。各级共青团组织要会同公安、禁毒、民政等部门，将处于失学、失业、失管状态的城市社区青少年纳入网格化管理，依托青少年事务社会工作专业队伍等社会力量，为他们提供就业帮助、心理咨询和毒品预防教育服务，防止其游离于社会管理边缘，误入毒品歧途。要在由团中央牵头起草的《关于进一步深化预防青少年违法犯罪工作意见》中对青少年毒品预防教育工作提出指导意见。

6.关注农村留守儿童和外出务工青年毒品预防教育。禁毒部门要把辍学、失学的留守儿童和外出务工青年毒品预防教育作为农村禁毒工作的重点，将毒品预防教育与打击外流贩毒、社会治安综合治理、发展地方经济等结合起来，提高农村青少年和外出务工人员的禁毒意识，彻底改变因贫涉毒、因毒致乱的局面，将毒品预防教育纳入农村社区建设试点任务。

（三）拓展应用毒品预防教育社会资源

7.建设禁毒教育基地、园地。要以青少年为主要服务人群，逐步建成中央和省级、地市级、县级四级禁毒教育基地。2016年年底前，要建立1所国家级、32所省级禁毒教育基地；2017年年底前，全国300万人口以上大城市各建1所禁毒教育基地；2018年年底前，毒情严重、登记吸毒人员超过5000人的地市州和超过1000人的重点县市均要建立禁毒教育基地。各地禁毒、科技、文化部门要利用科技馆、文化宫、少年宫、会展中心等人流集中的场馆，建设禁毒教育园地。街道、乡镇要因地制宜，利用社区文化中心（站）、宣传栏等建立小型禁毒教育园地。鼓励各级各类学校建立禁毒宣传教育橱窗、长廊。

8.建立网上禁毒展览馆。根据青少年多以互联网和新媒体为获取信息渠道的特点，2016年年底前，国家禁毒委员会办公室要升级改造"中国禁毒数字展览馆"，实现实时参观、互动和测评。2016年上半年，国家禁毒委员会办公室将完善中国禁毒微信、禁毒政务微博和中国禁毒手机报功能，发布禁毒消息、线上咨询答疑、接受群众举报。国家禁毒委员会办公室、中宣部、中央网信办、教育部、国家新闻出版广电总局、共青团中央等要支持禁毒部门、教育部门开展网上禁毒知识竞赛、禁毒微电影征集、网络征文、禁毒H5游戏等活动。

9. 开展禁毒直观教育。各级各类学校每年要组织青少年学生就近参观禁毒教育基地（展览馆、园地、戒毒场所）。各级禁毒部门要通过流动宣传车，开展流动禁毒宣传。禁毒、教育部门要通过组织戒毒康复人员、优秀禁毒工作者进学校现身说法、以案说法等形式，提高禁毒宣传教育的效果。

10. 组织禁毒社会实践和志愿服务活动。共青团组织、禁毒部门要利用寒假、暑假，组织开展禁毒夏令营、冬令营以及"禁毒志愿者进家庭、进社区、进农村"等禁毒社会实践活动，讲解禁毒政策，传播禁毒知识。要加强青年禁毒志愿服务项目建设，广泛征集有创意、易操作、可复制的优秀项目，积极推广。要把毒品预防教育纳入全国大中专学生志愿者暑期文化科技卫生"三下乡"社会实践活动。

11. 重视家庭禁毒宣传教育。妇联组织要以"平安家庭"创建为依托，深入开展"无毒家庭"创建工作，深化"不让毒品进我家"活动。要利用"妇女之家"、"家长学校"等阵地，组织家长和青少年参加毒品预防教育群众性活动。要树立一批以青少年毒品预防教育为主的家庭和妇女典范。

12. 营造浓厚的禁毒舆论氛围。禁毒部门、党委宣传和新闻出版广电部门要充分利用报刊、期刊、广播电台、电视台以及重点新闻网站宣传禁毒工作，建立工作机制。要组织记者深入禁毒一线实地报道，加强对新闻采编人员和相关编创人员的专业培训，增强禁毒宣传的感染力、传播力。要组织禁毒公益广告比赛，征集优秀作品，扩大宣传效果。中央和各级电视台、广播电台、相关报纸和期刊、网络媒体及其微博、微信等移动客户端，每年要刊播一批优秀禁毒公益广告。火车、飞机、长途汽车、机场、码头、城市繁华街道和中心广场、公共娱乐服务场所要利用各种公共平台定期推出禁毒公益宣传。各级文化部门要积极鼓励和支持禁毒文艺作品创作和演出，加强公共娱乐服务场所从业人员毒品预防教育。2018年年底前，所有营业性公共娱乐服务场所都应有固定的禁毒警示语和点歌屏保禁毒提示影像。

（四）完善青少年涉毒问题监测处理机制

13. 建立青少年涉毒问题日常监测制度。禁毒部门要联合教育部门认真开展在校学生吸毒监测工作，2016年秋季开学前，摸清在校学生涉毒人数、原因以及帮教跟踪措施，上报国家禁毒委员会办公室和教育部。

14. 制定学生涉毒事件处置预案。2016年秋季开学前，各级禁毒、教育部门要出台《青少年涉毒问题处置意见》，对于首次吸毒或被引诱、欺骗而吸毒的学生，要按照《禁毒法》、《未成年人保护法》等法律法规，坚持教育挽救为主。

15. 做好涉毒青少年帮教保护工作。2016年秋季开学前，各级教育、禁毒部门要建立涉毒青少年心理干预和帮教服务团队，对涉毒青少年提供一对一心理服务。禁毒部门要建立涉毒青少年数据库，实行分类管理、另库存放，未经公安机关或禁毒部门批准，任何单位和个人不得擅自查询和使用。

（五）加强青少年毒品预防教育工作保障

16. 健全青少年毒品预防教育工作队伍。省级禁毒委员会办公室专门从事毒品预防教育工作的在编人员不得少于本部门在编总人数的15%，地市和县级禁毒委员会办公室应配备毒品预防教育专职人员。各级教育部门和其他相关单位要明确毒品预防教育主管机构，确定负责人员。2016年年底前，国家禁毒委员会办公室、省级禁毒委员会办公室均要建立毒品预防教育专家库，发挥专家在毒品预防教育科研、教学等方面的作用。

17. 动员社会力量参与青少年毒品预防教育工作。从事禁毒工作的相关政府部门要通过财政转移支付、职能委托、政府购买服务等方式，支持和鼓励社会力量参与青少年毒品预防教育和涉毒青少年教育帮扶工作。要充分发挥群团组织作用，加强对相关社会组织的支持力度，通过多种方式鼓励个人志愿者、企业和社会工作服务机构等其他组织广泛参与、发挥作用。2016年至2018年，各地专门从事毒品预防教育的禁毒社会力量要分别占当地常住人口的1‰、1.5‰和2‰，各地注册禁毒志愿者人数占本地常住人口的比例大幅增加。

18. 建立青少年毒品预防教育经费保障机制。完善以政府投入为主、多渠道筹措资金的经费筹措机制。各地财政部门要加大学生毒品预防教育投入。

19. 开展青少年毒品预防教育效果评估。各级教育督导机构要将学校毒品预防教育纳入督导范围。各级公安机关要将人民群众对青少年毒品预防教育工作满意率调查纳入公安机关满意度调查范围。各地禁毒部门要借助统计部门、科研机构等第三方力量开展全民禁毒宣传教育效果评估，2016年年底前，将青少年毒品预防教育工作纳入平安创建、精神文明创建体系和禁毒挂牌整治范畴，作为《全国禁毒工作考评办法》的重要内容之一。

20. 建立青少年毒品预防教育责任追究制度。国家禁毒委员会办公室要定期将青少年毒品预防教育工作开展情况通报各地禁毒委员会主任和禁毒委员会成员单位主要领导。对因工作不重视、责任不落实、措施不得力，导致青少年新增吸毒人员蔓延加速、问题泛滥的地区，要按照《禁毒工作责任制》相关规定严肃追究责任。